Operador de caixa

profissional estratégico

Dados Internacionais de Catalogação na Publicação (CIP)
(Jeane Passos de Souza - CRB 8ª/6189)

Santos, Bruno Lucena dos
Operador de caixa: profissional estratégico / Bruno Lucena dos Santos. – São Paulo: Editora Senac São Paulo, 2018

Bibliografia.
ISBN 978-85-396-2555-0 (impresso/2018)
e-ISBN 978-85-396-2556-7 (ePub/2018)
e-ISBN 978-85-396-2557-4 (PDF/2018)

1. Comercio varejista: Operador de caixa 2. Administração financeira: Operador de caixa 3. Operador de caixa: Perfil profissional 4. Operador de caixa: Mercado de trabalho I.Título.

18-848s CDD – 658.15
658.87
BISAC BUS001010
BUS043000
BUS073000

Índice para catálogo sistemático:
1. Comercio varejista: Operador de caixa 658.87
2. Gestão financeira: Administração financeira: Operador de caixa 658.15

Operador de caixa

profissional estratégico

Bruno Lucena dos Santos

Editora Senac São Paulo – São Paulo – 2018

EDITORA SENAC SÃO PAULO

Conselho Editorial: Luiz Francisco de A. Salgado
Luiz Carlos Dourado
Darcio Sayad Maia
Lucila Mara Sbrana Sciotti
Luís Américo Tousi Botelho

Gerente/Publisher: Luís Américo Tousi Botelho

Coordenação Editorial: Ricardo Diana

Prospecção: Andreza Fernandes dos Passos de Paula, Dolores Crisci Manzano, Paloma Marques Santos

Administrativo: Marina P. Alves

Comercial: Aldair Novais Pereira

Comunicação e Eventos: Tania Mayumi Doyama Natal

Edição e Preparação de Texto: Rafael Barcellos Machado

Copidesque: Kiel Pimenta

Coordenação de Revisão de Texto: Marcelo Narde

Revisão de Texto: Kimie Imai, Carolina Hidalgo Castelani

Revisão Técnica: Washington Luiz Halley Portes Rodrigues

Produção Editorial: Simone Teles

Coordenação de Arte: Antonio Carlos De Angelis

Projeto Gráfico, Capa e Editoração Eletrônica: Thiago Ferreira Mullon Planchart

Ilustração da Capa: Getty Images

Impressão e Acabamento: Gráfica CS

Editora Senac São Paulo
Av. Engenheiro Eusébio Stevaux, 823 – Prédio Editora
Jurubatuba – CEP 04696-000 – São Paulo – SP
Tel. (11) 2187-4450
editora@sp.senac.br
https://www.editorasenacsp.com.br

Sumário

Nota do editor

Nos últimos anos, o setor terciário tem alternado momentos de incerteza e de plena expansão. Porém, independentemente da fase econômica, uma coisa é certa: com a alta competitividade, as organizações têm de prestar um atendimento de excelência para conquistar e manter uma posição de destaque no mercado.

Para isso, os profissionais que atuam no comércio de bens e serviços, dentre eles o operador de caixa, precisam estar qualificados, pois essa ocupação se mostra eficaz para a fidelização do cliente. Na venda de um produto, ele é o último representante do estabelecimento a entrar em contato com o consumidor. Tem, portanto, a chance de corrigir algum problema ocorrido durante o atendimento, além de poder reforçar informações sobre promoções e atender eventuais pedidos do cliente, finalizando a venda com chave de ouro.

Nas próximas páginas, você encontrará uma apresentação bastante didática das rotinas e ferramentas de trabalho do operador de caixa, assim como das atribuições e características que tornam sua atuação um diferencial no mercado, além de atividades que visam auxiliar o futuro profissional a desenvolver habilidades ligadas ao atendimento.

CAPÍTULO 1

Perfil profissional e mercado de trabalho

Operador de caixa, profissional estratégico

Até pouco tempo, preço e qualidade eram praticamente os únicos quesitos que determinavam a escolha dos clientes. Ainda hoje, esses dois fatores continuam indispensáveis para que as empresas se sustentem no mercado, porém não são mais os únicos diferenciais.

Em um mundo globalizado, no qual a tecnologia da informação e da comunicação acelerou todos os eventos cotidianos, a inevitável transformação do comportamento do consumidor tornou a perpetuação das empresas um constante desafio.

Por um lado, pressionados pelo consumidor cada vez mais exigente, e, por outro, pela concorrência que reage aos estímulos do cliente, o varejo e o atacarejo, em especial, pois lidam diretamente com o consumidor, buscam constantemente novas maneiras de atrair e reter sua clientela.

Cada vez mais, a sobrevivência dos negócios está ligada a uma estratégia mercadológica que seja consciente e capaz de gerar valor ao cliente, por meio de diferenciais competitivos que facilitem a vida do consumidor ou ofereçam uma experiência de compra à altura de suas expectativas – benefícios que agregam valor aos **bens e serviços** das empresas.

Desse modo, aspectos intangíveis da experiência de consumo ganham força, especialmente o atendimento ao cliente, que passou a ser parte da estratégia de desenvolvimento e perpetuação dos negócios. Por conta disso, aumentaram as exigências em relação ao perfil dos profissionais que atuam no atendimento ao público, de forma que hoje as empresas buscam

Bens são os artigos materiais e tangíveis que possuem preço. Eles podem ser duráveis, como casas, carros e terrenos, ou não duráveis, como alimentos, roupas, combustíveis, bebidas, mobiliário, entre tantos outros. Os **serviços** também possuem preço, mas em geral são imateriais e intangíveis, como as consultas médicas, o serviço de configuração do computador ou do celular e qualquer forma de atendimento, de modo geral.

O **marketing** pode ser definido como uma disciplina que ajuda a criar meios que geram valor para o cliente, promovendo ações estratégicas com o objetivo de influenciar o público-alvo acerca de determinada ideia, marca, pessoa, serviço, produto ou instituição, nem sempre visando ao lucro das empresas. Organizações não governamentais (ONGs) ligadas ao meio ambiente, por exemplo, podem adotar estratégias de marketing para atrair mais adeptos para sua causa.

colaboradores que estejam afinados com suas estratégias de **marketing**.

Reconhecendo a imensa importância do atendimento para o sucesso das organizações, neste livro vamos nos concentrar no trabalho do operador de caixa. Antigamente, esse profissional só precisava ter um bom raciocínio lógico, atender os clientes com respeito e controlar o fluxo de valores no caixa. Agora, ele também faz parte das estratégias para a conquista e a retenção do cliente, de forma que as empresas têm novas expectativas em relação ao perfil e às competências necessárias para a ocupação desse cargo.

A história do operador de caixa e do varejo

O surgimento da profissão e do mercado de trabalho do operador de caixa está diretamente ligado à história do varejo, mais especificamente ao início do sistema de autosserviço.

Com a quebra da Bolsa de Valores de Nova York, em 1929, os efeitos da crise financeira fizeram indústria e comércio pensarem em formas de sobrevivência, ou seja, maneiras de baratear os produtos e os custos para revendê-los. A solução encontrada pelos comerciantes foi dispensar os empregados que atendiam os clientes (buscando e oferecendo produtos) e instalar prateleiras no estabelecimento para deixar que os próprios consumidores escolhessem e transportassem suas mercadorias até a caixa registradora (Senac, 2014), onde eram feitos a soma dos itens e o pagamento da conta.

A economia com a mão de obra, a estrutura mais simples das lojas e os aluguéis mais baratos garantiam a redução do preço dos produtos e o aumento do lucro do comerciante. Assim, nascia o sistema de autosserviço (self-service) e a profissão do operador de caixa.

Os clientes perceberam que, apesar de não haver ninguém para atendê-los, o novo modelo permitia que comprassem mais e sustentassem suas famílias. A alternativa criada para superar a Grande Depressão surpreendeu aqueles que imaginavam que esse formato duraria somente o período da recessão econômica, porém as lojas de autosserviço se aperfeiçoaram, se mostraram mais eficientes do que o comércio tradicional e se espalharam pelos Estados Unidos com muito sucesso ao longo das décadas de 1930 e 1940 (Senac, 2014).

No Brasil, os primeiros modelos surgiram na década de 1940. No fim da Segunda Guerra Mundial, o varejo nacional ainda era composto de armazéns, empórios, mercearias, açougues e vendedores ambulantes de verduras, batatas, peixes, etc. Nessa época, não havia muitas formas de pagamento. O recebimento era à vista (em dinheiro) ou a prazo, por meio das famosas "cadernetas", tradicional modelo de crédito desenvolvido pelo próprio comércio (Varotto, 2006).

Foi a partir daí que o modo de vida norte-americano começou a concorrer com a influência cultural europeia na vida dos brasileiros. Entre as novidades, estava o novo modelo de comercialização de alimentos: o supermercado.

Embora os registros sobre as primeiras experiências de autosserviço em nosso país sejam contestáveis, identificam-se em São Paulo as pioneiras. Em 1947, o Frigorífico Wilson vendia produtos de mercearia em formato self-service, enquanto as carnes eram comercializadas em um balcão frigorífico fechado. Em 1949, surgiu o Depósito Popular, que também vendia alimentos no sistema de autosserviço.

O estabelecimento considerado por alguns estudos do setor como o primeiro supermercado do Brasil foi o Sirva-se. Nos moldes do autosserviço e com layout e equipamentos similares aos norte-americanos, foi inaugurado em agosto de 1953, em São Paulo. Apresentava todas as características dos estabelecimentos de autosserviço modernos: era dividido por seções, tinha espaços para propaganda e usava as pontas das gôndolas para a promoção de produtos. Além disso, também foi pioneiro em vender não só a linha de mercearia, mas também carne, frutas e verduras no mesmo local (Varotto, 2006).

Depois do Sirva-se, surgiram outras lojas no modelo autosserviço, como o Peg-Pag, em 1954; o Mapps, em 1957; e o Pão de Açúcar, em 1959. Depois dos supermercados, outros ramos aderiram ao formato de autosserviço, como farmácias e lojas de vestuário, ampliando o mercado de trabalho do operador de caixa. Atualmente, fast-foods, cinemas, restaurantes, lanchonetes, padarias, lojas de roupa e muitos outros estabelecimentos utilizam essa mão de obra.

No início, os caixas, também chamados de checkouts, eram de madeira. Não possuíam leitores nem monitores, somente as caixas registradoras, com gavetas monetárias acopladas aos móveis, que eram instalados na saída dos estabelecimentos, um lugar fisicamente estratégico, com visão panorâmica para a loja, contribuindo para o zelo na organização do espaço e até desestimulando pequenos furtos. Até hoje é assim, especialmente em supermercados.

Desde o surgimento da função, as tecnologias relacionadas ao trabalho do operador de caixa passaram por diversas transformações para se adequarem às necessidades do mercado. Na década de 1990, por exemplo, foram incorporadas às rotinas de trabalho tecnologias como os códigos de barra – além das evoluções das estações de trabalho e dos equipamentos ligados a elas.

Com a chegada dos computadores, os sistemas computacionais otimizaram o controle e o gerenciamento de estoque e ainda permitiram o cadastro de clientes e fornecedores. Além disso, o operador de caixa deixou de apertar botões mecânicos e a gaveta monetária passou a abrir automaticamente.

Entre as novas tecnologias que prometem impactar as frentes de caixa num futuro próximo estão o RFID e os self-checkouts, que serão tratados mais adiante. A primeira promete diminuir as perdas ao detectar os produtos com mais facilidade e agilizar o trabalho do operador; a segunda está permeando o mercado como uma alternativa ao atendimento tradicional – mais uma maneira de personalizar a experiência de consumo do cliente.

Competências e habilidades do operador de caixa

Entre os pré-requisitos mais comumente desejados pelas organizações para os profissionais que vão ocupar o cargo de operador de caixa estão organização, ética, proatividade e preocupação com questões socioambientais, além de comunicação assertiva, saber lidar bem em situações de pressão, trabalhar em equipe e ter boa apresentação pessoal. Essas habilidades e atitudes contribuirão para que o operador de caixa atenda às exigências do mercado e gere valor ao cliente.

Dentre as responsabilidades atribuídas à profissão, podemos destacar as seguintes ações estratégicas:

- Realizar a cobrança dos itens comprados ou consumidos pelo cliente.
- Atender o cliente e solucionar suas demandas.
- Apresentar e incentivar as ações de fidelização e geração de benefícios da empresa.
- Construir vínculos de confiança com o cliente, pautado na ética, no respeito e na atenção que presta em seu atendimento.
- Personificar os valores da empresa.
- Ajudar na integração de todos os setores e ter bom relacionamento com os demais funcionários da empresa.

Essas ações possibilitam ao operador de caixa contribuir de maneira estratégica com a organização, não só garantindo a segurança financeira da empresa, mas também gerando a fidelização dos clientes e alavancando as vendas de impulso.

Considerar-se bem atendido em uma experiência de compra não costuma ser difícil. Se os atendentes o cumprimentaram, responderam às suas solicitações, não foram grosseiros e estavam com boa apresentação pessoal, podemos dizer que o atendimento foi bom, certo?

Agora, pense nisso: e se mesmo antes de começar o atendimento o operador sorrir para o cliente, sinalizando que vai ajudá-lo? E se a apresentação pessoal do colaborador for além das vestimentas limpas e com logotipo, mas servir também de exemplo de novas tendências da moda e inspirar a compra? E se o colaborador estiver atento e engajado em antecipar as necessidades do cliente? E se o operador de caixa informar sobre as diferentes formas de pagamento, campanhas promocionais, itens com desconto, ofertando maior poder de compra ou benefícios ao cliente? E se essas possibilidades forem somadas a uma boa comunicação – eficiente, proativa, dinâmica e autêntica? A junção de todos esses fatores promoverá não só um atendimento bom, mas também encantador.

Como se tornar um diferencial

Responsáveis por atender o cliente, conferir os produtos e serviços por ele comprados e receber os valores dessas vendas, os operadores de caixa podem estar presentes em empresas de todos os portes e de todos os segmentos que realizam vendas físicas diretas ao consumidor.

Segundo a Classificação Brasileira de Ocupações (CBO), entre outras atividades, o operador de caixa é o profissional que

- recebe valores de vendas de produtos e serviços;
- controla numerários e valores;
- preenche formulários e relatórios administrativos.

Essas atribuições garantem que as estratégias de venda se tornem renda efetiva para o negócio. Isso bastaria para colocar o operador de caixa em uma posição de importância para a empresa, mas seu trabalho vai além, pois seu atendimento, como já percebemos, pode gerar valor e influenciar o cliente.

Para se tornar um profissional diferenciado no mercado de trabalho, o operador de caixa precisa ter noções sobre o contexto econômico e as estratégias de gestão usadas pela organização em que trabalha. Hoje, quando pensamos em autosserviço, a distância e a frieza da empresa em relação ao cliente já não são mais sinônimos de profissionalismo, e o anonimato dos responsáveis já não dá mais a dimensão do negócio. Atualmente, a empresa varejista que não se aproxima do cliente tem de se valer de ações promocionais para alavancar as vendas, que não necessariamente garantem a tão sonhada fidelização. O crescente nível de exigência dos consumidores pressiona as organizações a ofertarem produtos e serviços com elevada qualidade e boa relação custo-benefício. Mas isso não é suficiente para obter bons resultados. Na hora da compra, o cliente estuda variáveis como o atendimento, o posicionamento socioambiental da empresa, sua estrutura e sua localização. Tudo isso contribui para a expectativa do cliente em relação à experiência de compra.

Mix de produtos é o rol de produtos que a empresa disponibiliza para venda em suas lojas. O termo é utilizado geralmente pelo varejo de bens e serviços, principalmente pelos nichos com alto giro, como supermercados, lojas de roupas, postos de combustíveis, lojas de conveniência e outros.

Em muitas pesquisas de satisfação, os clientes priorizam, antes mesmo dos preços, a ambientação e o conforto da loja – beleza e higiene, rádio *indoor*, climatização, iluminação, estacionamento, pisos adequados e conservação predial. Além desses, a segurança, o **mix** e a falta de produtos também são variáveis determinantes para a escolha de uma loja.

Em muitos nichos de mercado, no entanto, o diferencial é mesmo o atendimento encantador. E, na maioria dos casos, ele está nas mãos da linha de frente do varejo: o operador de caixa. Ele é o maior contato da empresa com o cliente em muitos segmentos do comércio, por isso é uma peça fundamental para conhecer o consumidor. E o mais importante: pode ter influência decisiva sobre as vendas, não só sobre a escolha de determinado produto ou marca, mas também sobre a quantidade de produtos adquiridos pelos clientes.

Para realizar um atendimento de excelência e gerar vantagem competitiva, antes de tudo o operador de caixa precisa compreender a organização onde trabalha. Saber a que ela se dedica, quem é seu cliente, qual é seu planejamento estratégico, sua missão, sua visão e prezar pelos valores em que está pautada.

A missão é a razão de ser da empresa, o motivo pelo qual ela se colocou no mercado, o que também define quem é seu público-alvo. O operador que está familiarizado com a missão da empresa, por consequência, conhece, além dos produtos que vende, o perfil dos clientes. Isso ajuda muito na hora do atendimento.

Exemplo fictício de missão de um supermercado

Comercializar produtos que atendam às necessidades e aos desejos da região X.

A visão é o que a empresa pretende atingir com base em sua missão e o modo como trabalhará para alcançar seus objetivos. Seria uma visão de futuro.

Exemplo fictício de visão de um supermercado

Ser reconhecido pelo seu público como o melhor supermercado da região X.

Por fim, os valores são o conjunto de princípios que devem nortear a atuação individual e coletiva da organização no mercado, levando em consideração concorrentes, clientes e fornecedores. A partir dos valores, é possível saber, por exemplo, o código de vestimenta da empresa, a linguagem adotada para se reportar aos clientes e ainda como se comportar diante das adversidades que surgirem na rotina de trabalho.

Exemplo fictício de valores de um supermercado

- Respeito
- Tradição
- Excelência

É possível conhecer a missão, a visão e os valores da maioria das empresas em seu site, em suas informações institucionais, ou afixadas nas lojas físicas. Nem sempre aparecem com essa nomenclatura, mas, conhecendo os conceitos, é fácil identificá-los.

Para se tornar um profissional valorizado no mercado, também é importante cuidar da motivação e da autoestima, que se exteriorizam no atendimento. Afinal de contas, ser atendido por um operador com boa postura, animado e cortês, que executa com empenho sua função, transmite uma boa imagem da empresa ao consumidor. Sem contar que, da mesma forma que os clientes pagam para que a empresa lhes forneça produtos e serviços de qualidade, os empregadores pagam para que os colaboradores desempenhem serviços com qualidade.

Empresas mais eficientes preocupam-se muito com o bem-estar e a motivação de seus colaboradores. Sabem que seus ativos tangíveis (como máquinas, equipamentos e prédios) só possuem valor e produzem riqueza se estiverem sendo operados por funcionários competentes e saudáveis para executar seus papéis.

Apesar do investimento que as empresas realizam em treinamento e motivação dos funcionários, cabe ao operador desenvolver seu próprio plano de aprimoramento profissional e estar engajado em algum objetivo, projeto ou desejo pessoal de crescimento para executar seu trabalho com entusiasmo. Com isso, cada trabalhador pode ver a si mesmo como uma empresa, possuindo missão, objetivo, motivação e diferencial próprios. Buscar tornar-se cada vez mais único – uma referência em atendimento para os clientes externos (que compram as mercadorias do negócio) e internos (os companheiros de trabalho) – é um excelente modo para desenvolver a carreira.

Em suma, a valorização de um profissional se dá pela raridade de seu trabalho. Por isso, para se tornar um operador de caixa que seja um diferencial para o negócio, é necessário estar atento ao contexto econômico em que a empresa atua e estar alinhado à sua missão, à sua visão e, especialmente, aos seus valores. Também é preciso tornar-se um canal efetivo de comunicação com o cliente, buscando solucionar seus problemas, antecipar suas necessidades e desejos e ser empreendedor.

Atender bem não é só dizer "bom dia", "boa tarde" e "boa noite"

Na comunicação do cliente, verbal e não verbal, está intrínseca sua expectativa de atendimento. Sua postura e o tom de sua conversa demonstram se ele espera aproximação ou um atendimento mais impessoal. Entre outros pontos, esteja atento aos seguintes aspectos:

- Se o cliente está ansioso, agitado e demonstra indecisão na compra, deixe-o à vontade para refletir e, se necessário, diga que os vendedores ou atendentes da loja estão à disposição caso ele precise de ajuda.
- Caso demonstre pressa, não perca tempo com processos da compra que possam ser deixados de lado. Ele deve se lembrar da sua loja como uma boa opção em dias de correria.

(cont.)

- Caso esteja aparentemente a passeio, procure manter o clima de descontração. Se estiver acompanhado de outras pessoas, procure identificar se ele espera que você interaja com ele.
- Se o cliente puxa conversa, não perca o ritmo do trabalho ao interagir com ele. Ouça-o, perceba sua disposição à interação e, se for positiva, faça breve perguntas, pois isso humaniza o atendimento.
- Se o cliente está desconfiado, presta atenção a todos os seus movimentos e verifica incessantemente a tela de soma da compra, procure fazer seu trabalho com calma, permitindo que ele acompanhe o processo. Seja transparente. Em caso de perguntas, responda tranquilamente e coloque-se à disposição para sanar dúvidas.

Ainda pensando em bom atendimento, imagine uma loja de ternos fina e conservadora, onde trabalhe um operador de caixa descontraído, que usa gírias no falar e veste boné e camiseta. Sabendo que o atendimento deve estar de acordo com os valores do estabelecimento, podemos inferir que a vestimenta e a fala desse operador não atendem às expectativas da empresa. Porém, imagine o mesmo funcionário prestando atendimento em uma loja de artigos esportivos, bastante reconhecida pelo comércio de produtos para skatistas. Nesse caso, o operador se adequa à proposta da loja de forma mais harmônica.

Além disso, a leitura que o operador de caixa faz do cliente é extremamente importante para dimensionar o tom do atendimento. É sempre bom lembrar que aquilo que funciona para um consumidor pode não funcionar para outro. O roteiro a seguir sugere etapas de atendimento que podem ajudar o operador de caixa a estreitar a relação com o cliente. É bom destacar, no entanto, que o mais importante é sempre ouvir o consumidor, como vimos até agora.

Estreitando o relacionamento com o cliente

1. Sorria!

Inicie o atendimento com um sorriso e logo em seguida cumprimente o cliente. Caso não o reconheça de compras anteriores no estabelecimento, pergunte se é a primeira vez que vem à loja. Em caso positivo, deseje boas-vindas e pergunte o seu nome.

2. Informe ações e promoções oferecidas pela loja e as formas de pagamento

Pergunte se o cliente já conhece as campanhas promocionais ativas no estabelecimento. Se não as conhece, divulgue-as e observe se nas compras dele há itens participantes, apontando os benefícios, etc.

3. Verifique se o cliente já é cadastrado no sistema e nos programas de fidelidade da empresa

Informe a mecânica dos programas de fidelidade e pergunte se pode incluí-lo, para que ele obtenha vantagens. Se ele concordar, realize o cadastro, perguntando apenas o necessário. Se já souber o nome do cliente, confirme apenas o sobrenome, deixando claro que você estava atento à conversa desde o início. Caso não se lembre, desculpe-se e pergunte novamente.

(cont.)

4. Esclareça dúvidas e proponha soluções para as demandas do cliente

Informe que iniciará o registro das mercadorias no sistema. Enquanto isso, pergunte se o cliente encontrou todos os produtos que procurava. Se o cliente notificou que um produto não foi encontrado, tome nota e informe que requisitará ao setor de compras sua reposição o mais rápido possível. Caso o problema seja um item não oferecido pelo estabelecimento, informe que verificará a possibilidade de fazer a compra para satisfazer a necessidade do cliente. Em ambos os casos, pergunte se ele deseja ser informado quando o item estiver disponível. Confiante e positivo, pergunte também como foi o atendimento até ali.

5. Agradeça as informações e finalize o atendimento

Antes de fechar o atendimento, você precisa responder a todos os questionamentos que puder, ou repassar as dúvidas para as áreas responsáveis. Se tiver sido relatado algum problema de atendimento, como a falta de paciência de um funcionário de outro setor, agradeça as informações e afirme que esse não é o procedimento padrão dos funcionários. Desculpe-se como representante da empresa e tente mostrar que a postura negativa não é o padrão do negócio. Jamais contribua com a irritação do cliente, concordando ou discordando da crítica. Com discrição, informe que você passará a notificação ao gestor, evitando a exposição do cliente e do colaborador.

As emoções do cliente o influenciam fortemente no momento da compra, e a relação estabelecida entre o operador de caixa e o consumidor pode impactar diretamente nessas emoções. Não há relatório mais significativo – nem mais imediato – do que as expressões e os comentários dos clientes na esteira do caixa. E é aí que o operador tem chance de reverter experiências negativas e confirmar os pontos positivos experimentados pelo cliente. Porém, não se trata simplesmente de saber o que dizer ao cliente: é muito importante saber como dizer, além de saber ouvir.

O relacionamento e a comunicação entre a empresa e o cliente são muito importantes, mas é bom lembrar que essa é uma via de mão dupla. Muitas vezes o estabelecimento investe em marketing, publicidade e propaganda com o objetivo de informar sobre vantagens e promoções, mas não estabelece um diálogo. Institui uma comunicação unilateral, ignorando as mensagens recebidas do público-alvo. O cliente precisa ter espaço para se comunicar, e o operador de caixa pode ser a chave para reverter essa situação.

O diálogo deve ir além dos corriqueiros "bom dia", "boa tarde" e "boa noite", mas isso não significa que o operador de caixa deva falar sem parar. Pelo contrário, ele deve dar ao cliente a chance de comunicar-se e ouvi-lo com atenção, demonstrando calma, conhecimento da empresa e dos produtos, auxiliar em dúvidas e sugerir soluções comercializadas pela empresa. Isso pode ajudar até mesmo no aumento do **ticket médio** da empresa.

O operador de caixa tem a chance de atender o cliente de forma personalizada, podendo impulsionar as vendas e influenciar o crescimento do ticket médio quando, ao longo do atendimento, oferece itens coerentes com a compra que o cliente está fazendo. Por exemplo, a velha estratégia de oferecer água quando o cliente está comprando sorvete.

Ticket médio é o faturamento total das empresas em determinado período de tempo – um dia, uma semana, uma quinzena, um mês – dividido pelo total de vendas realizadas no mesmo período. Esse cálculo é muito utilizado no varejo. Afinal, a empresa está atendendo mais pessoas ou vendendo mais para os clientes que estão dentro da loja?

Em resumo, para um atendimento encantador é importante desenvolver a habilidade de individualizar o atendimento, identificar as demandas, as necessidades e as emoções do cliente e responder a elas de maneira harmônica.

É preciso saber trabalhar em equipe

Para se tornar um diferencial dentro do estabelecimento, encantando o cliente, impulsionando as vendas, gerando fidelização e auxiliando no controle de perdas, o operador também precisa saber trabalhar em equipe.

Independentemente de onde atue – em um supermercado, loja de roupas, posto de combustíveis, açougue, padaria, farmácia ou qualquer outro estabelecimento varejista –, o trabalho do operador de caixa está ligado ao de todos da equipe, sendo uma peça-chave para a integração dos setores. Por conferir aquilo que efetivamente foi vendido, ele precisa se comunicar bem com os clientes internos e externos, já que todas as informações do acordo de venda entre o vendedor e o cliente precisam chegar ao caixa, seja eletrônica, seja verbalmente.

Trabalho em equipe: sinergia gera produtividade

Você já comprou em lojas em que um pequeno problema aconteceu, mas as pessoas foram proativas, comunicativas e criativas para solucioná-lo? Quando isso acontece, em geral o problema acaba sendo revertido como um ponto positivo do negócio. E essa reversão ocorre por conta da união dos funcionários a fim de sanar o problema.

Trabalhar em equipe é oferecer o melhor de si, reconhecendo as qualidades, os pontos fortes e as limitações dos companheiros de trabalho, para que as tarefas sejam executadas de maneira organizada, respeitosa e gentil.

Porém, nem sempre todos os processos, equipamentos e controles funcionam. Às vezes é preciso deixar entrar em cena o bom relacionamento e procurar os demais colaboradores para prosseguir com o atendimento no caixa. E é nessa integração que se faz necessário trabalhar em equipe.

As dicas a seguir podem ajudar a conduzir as relações de trabalho com outros colaboradores de forma a favorecer a experiência de compra do cliente no estabelecimento. Com a ajuda dessas dicas, além de discernimento, atenção, cuidado e respeito aos demais, você contribuirá positivamente para um bom clima organizacional. Quando isso acontece, não só as vendas aumentam, como também a qualidade de vida dos funcionários.

Boas relações com a equipe

- **Reporte problemas**

  Cuidado com o tom de voz ao reportar aos pares um problema ocorrido em outro setor e que se estendeu até o caixa. É importante que os demais colaboradores percebam que sua intenção é apresentar o problema a fim de evitar que ele aconteça novamente e não repreender alguém da equipe.

- **Seja organizado**

  Pequenas tarefas de responsabilidade coletiva da equipe frequentemente acabam ficando por fazer, se ninguém estiver designado para realizá-las. A equipe precisa organizar pequenos acordos e torná-los claros para todos. A organização facilita o trabalho em grupo.

(cont.)

- **Saiba ouvir**

  Ouvir com atenção e respeito é uma questão a ser aprendida e praticada em todos os âmbitos. Frequentemente, quando conversamos com alguém, começamos a deduzir onde a outra pessoa quer chegar, mas isso pode nos impedir de realmente ouvi-la. Evite deduções. Procure ouvir o cliente até o fim para identificar suas necessidades e desejos.

- **Procure aprender**

  Esteja sempre aberto para aprender com as pessoas, não importa se forem mais ou menos experientes que você. Sempre há algo a ser aprendido, e estar ciente disso não só faz de você um melhor profissional, mas também uma pessoa melhor.

- **Compartilhe!**

  Não adianta você saber a solução para determinado problema e o restante da equipe não. Reter informações não é um bom caminho para a evolução da carreira. Aliás, se você espera liderar uma equipe, precisa compreender que o líder é aquele que dá asas para que os colaboradores e a empresa voem.

- **Tome a iniciativa**

  Sempre que um problema surgir e você puder contribuir com sua solução, aja! Não espere até que alguém diga o que você deve fazer.

- **Valorize e elogie**

  Procure elogiar o trabalho dos outros colaboradores e fique atento a seus pontos fortes. Não se trata de ignorar o que não está certo, mas de evidenciar o que é bom e tornar a equipe ainda melhor nesses pontos.

Bom atendimento começa com saúde e bem-estar

A imagem dos colaboradores também é uma forma de comunicação da empresa. A satisfação com a limpeza de uniformes e aventais dos profissionais do açougue, por exemplo, pode reforçar a confiança na qualidade do alimento comercializado pelo estabelecimento. Já a produção visual caprichada de uma operadora de caixa numa loja de cosméticos pode despertar nos clientes o interesse de comprar os produtos que estão sendo usados por ela.

Vitrine viva: marketing pessoal e imagem da empresa

Por ter a imagem associada ao negócio, principalmente em estabelecimentos de moda e beleza, a equipe de visual merchandising pode cuidar da produção do operador de caixa. Essa tática visa despertar nos clientes o desejo pelos produtos usados pelos funcionários, que acabam servindo de vitrine viva da loja.

As seguintes dicas de apresentação pessoal podem ser pontos positivos no seu atendimento.

Apresentação pessoal: cuidados essenciais

- **Mãos**

  Por estarem sobre o posto de trabalho e manipularem as mercadorias dos clientes, as mãos do operador de caixa são sempre muito observadas. É importante que estejam limpas, sem machucados aparentes e livres de odores – por exemplo, perfumes –, para o caso de manipular alimentos, mesmo que embalados. Caso a rotatividade de clientes não permita que o operador de caixa saia diversas vezes de seu posto para lavar as mãos, toalhas descartáveis ajudam mantê-las sempre limpas, protegendo sua saúde e transmitindo uma boa imagem aos clientes.

(cont.)

- **Unhas**

  Conserve as unhas aparadas, esmaltadas ou não, mas limpas e com visual harmônico, condizente com o ambiente de trabalho e o público atendido. Algumas lojas de moda indicam cores de esmalte de acordo com a coleção que está sendo vendida e as tendências. Algumas empresas se preocupam tanto com a boa apresentação que oferecem ajuda de custo para as colaboradoras e os colaboradores cuidarem das unhas.

- **Uniformes**

  Devem ser constantemente substituídos, ainda que não tenham sujeira aparente. Muitas impurezas, ainda que não visíveis, ficam retidas em nossas vestimentas. Além disso, é bom lembrar que o uniforme é para ser usado no ambiente de trabalho, e não em outros lugares. Vale observar que, se a empresa exige o uso do uniforme, tem a obrigação de fornecê-lo.

- **Cabelos**

  Assim como todos os outros itens da apresentação pessoal, vale pensar no estilo de gestão, no tipo de comércio, no público-alvo e no mix de produtos do estabelecimento na hora de escolher o estilo de cabelo que será adotado. Algumas lojas de roupa, por exemplo, sugerem penteados para combinar com a coleção. A regra básica, no entanto, é o zelo.

- **Maquiagem**

  Não existe regra geral para o uso de maquiagem nos caixas de autosserviço, mas vale lembrar que ela é bem-vinda, na maior parte dos casos, por reforçar aspectos de higiene e saúde. Aqui, uma boa dica é a discrição.

(cont.)

- **Barba**

  Assim como no caso da maquiagem, não há padrão para o uso de barba. No entanto, é importante ressaltar que ela deve estar sempre bem aparada para não passar ao consumidor uma imagem de descuido.

A postura profissional também faz parte da apresentação pessoal. Nenhuma característica física causa boa impressão se não for acompanhada de valores e atitudes como cordialidade, gentileza, competência, agilidade, proatividade, tom de voz adequado, calma e boa dicção. Adapte-se às necessidades de cada cliente e demonstre que está ali para ajudar, facilitar e tornar prazerosa a experiência de compra. Esses são elementos chave na apresentação pessoal.

No atendimento moderno, chamar o cliente pelo nome é uma regra de ouro, praticada quase instintivamente pelos pequenos negócios. Essa atitude aproxima o cliente da organização, faz com que ele se sinta percebido e acredite que a empresa tem interesse em saber quem ele é e em atendê-lo bem.

Apresentação pessoal

Os limites para a definição do visual geralmente são estabelecidos pelo nicho de mercado e pelo público-alvo da empresa. Ou seja, no caso de organizações que atuam na área da saúde, como farmácias, geralmente a indicação é que a maquiagem seja mais leve, passando uma imagem de saúde e beleza aos olhos do cliente. Já em uma loja de produtos de beleza, o rosto da operadora pode servir como vitrine dos itens comercializados. Muitos estabelecimentos oferecem brindes e amostras de produtos, ou possuem programas de descontos para funcionários, para que eles utilizem os produtos vendidos pela empresa.

(cont.)

Boa parte das empresas, especialmente as de maior porte, adota códigos de vestuário. São documentos que definem diretrizes para o uso de sapatos, roupas, maquiagens e acessórios de maneira geral, para os diversos cargos da empresa. Já, em pequenos negócios, geralmente não há um documento formal, cabendo à gestão deixar clara sua expectativa. A regra básica é o diálogo para evitar desgastes.

A saúde é outro ponto importante na apresentação pessoal. Ninguém trabalha bem com dores ou se não estiver saudável. Segundo Semensato (2011), a profissão de operador de caixa é uma das mais acometidas por queixas e/ou distúrbios relacionados ao trabalho.

Para garantir a qualidade de vida dentro e fora do trabalho, é preciso ter um ambiente profissional ergonômico, praticar exercícios físicos regularmente e alongar os músculos mais usados ao longo do dia. Deve-se ainda observar as necessidades e limitações para a execução de cada função, considerando a segurança, a saúde e o bem-estar.[1]

A ergonomia, que estuda a relação entre o homem e a máquina, é responsável pelo desenvolvimento de mecanismos de integração que buscam extrair o melhor desempenho dos sistemas e ainda conscientizar os profissionais acerca da postura ideal, além de conceber o posto de trabalho e corrigir problemas relacionados a iluminação, dimensões e ruídos do local.

Essa ciência garante, por exemplo, que o operador encontre as ferramentas de sua estação de trabalho no posicionamento ideal para serem utilizadas, e que haja compatibilidade entre as áreas de visão e as de manipulação das mercadorias. Isso ajuda a prevenir os

1 Há uma série de regulamentações e obrigações para as organizações relativas a esse assunto. Para saber mais sobre os parâmetros e as diretrizes mínimas para adequação das condições de trabalho dos operadores de caixa, veja o Anexo I da NR-17 (Brasil, 2007).

Distúrbios Osteomusculares Relacionados ao Trabalho (Dorts), antes chamados de Lesões por Esforço Repetitivo (LER).

Recomenda-se que o operador, durante a jornada de trabalho, alterne as posições (em pé e sentado). Posições fixas por longos períodos, além de não favorecerem a circulação sanguínea, exigem que os músculos trabalhem mais e provocam mais cansaço. Além disso, é importante organizar com o fiscal de caixa, o gerente de loja, os demais operadores de caixa ou o responsável pela supervisão do trabalho pequenas pausas durante o expediente.

Postura: questão de saúde

- **Para quem trabalha sentado**

  Quando o operador estiver sentado, serão aliviadas a musculatura das pernas e a pressão nas articulações dos quadris, joelhos e tornozelos, promovendo conforto e garantindo sua recuperação. Além disso, ele deve se preocupar em adotar uma postura correta. Os estabelecimentos precisam fornecer cadeiras ajustáveis à estatura do funcionário e à natureza da tarefa, com encosto para proteger a região lombar, apoio para os pés e mobiliário sem quinas vivas ou rebarbas para evitar acidentes.

- **Para quem trabalha em pé**

  Quando estiver em pé, o operador deve dar pequenos passos, o que favorece a circulação do sangue. Deve também se preocupar em manter as pernas afastadas na largura dos quadris, flexionando um pouco os joelhos, para que o peso do corpo fique mais bem distribuído. Isso também ajuda a manter o equilíbrio.

(cont.)

Conheça seus limites

É importante que o operador respeite o limite de alcance de seus membros superiores e inferiores, evitando movimentos acentuados de flexibilização, extensão, pressão ou torção. Os equipamentos e as ferramentas de trabalho devem estar dentro dos limites e do alcance visual do operador, favorecendo as movimentações necessárias para o cumprimento da função.

É importante ressaltar que os Dorts não se desenvolvem apenas por causa das atividades laborais, mas também com a prática de esportes e das tarefas domésticas. São motivados, principalmente, por postura inadequada, movimentos repetitivos e sobrecarga, sem respeitar períodos de descanso e alternância de posição. Por isso, é necessário que a prevenção seja realizada também fora do período de trabalho.

É muito importante adotar rotinas saudáveis de alimentação e hidratação para manter o equilíbrio das necessidades fisiológicas. Além de cuidados como espreguiçar-se ao acordar, que ajuda a alongar o corpo naturalmente e ainda torna os músculos mais flexíveis, é indicada a prática de exercícios de prevenção de LER/Dort para as diversas áreas do corpo, que podem ser praticados diversas vezes ao dia. Qualquer profissional deve ter hábitos saudáveis dentro e fora da organização e reconhecer a si mesmo como responsável por sua saúde e seu bem-estar para se sentir bem na empresa e ter bom desempenho na sua função.

CAPÍTULO 2

Rotinas de trabalho

Movimentações de caixa

Desde o início do varejo de autosserviço, aprendemos a chamar o guichê de recebimento de pagamentos simplesmente de caixa. Comumente dizemos que vamos ao caixa pagar a conta. O termo – originado de caixa registradora, equipamento pioneiro em controle e conferência de caixas –, em sua essência, representa mais que só um nome para o posto de trabalho. Caixa é também o nome dado à conta contábil e financeira que representa o ativo mais líquido da empresa, o dinheiro disponível para uso imediato. Remete-nos à conta financeira de **receitas e despesas**, que, no fim do expediente do operador, expressa, em relatórios e números, o movimento financeiro do dia de trabalho.

Receitas são as entradas de dinheiro no caixa da empresa. Em contrapartida, **despesas** são o dinheiro que a empresa desembolsa para pagar suas contas. As receitas e despesas podem ser classificadas como operacionais (ligadas à atividade-fim ou operação da empresa, isto é, o pagamento de fornecedores e o recebimento pelas vendas de produtos) ou não operacionais (entradas ou saídas de dinheiro que não estão ligadas à atividade-fim da empresa).

Neste capítulo, vamos entender o caminho que o dinheiro faz do cliente até o cofre da empresa, e trataremos da atribuição mais antiga do operador, da qual se exige maior responsabilidade: a exatidão dos valores cobrados e recebidos dos clientes. Vamos entender a famosa expressão "fazer o caixa bater".

A conta-caixa da empresa está correta para a contabilidade quando a soma do saldo das diversas outras pequenas contas-caixa totalizam efetivamente o saldo disponível nas mãos da empresa. Para isso, devem ser abertas, movimentadas, fechadas e conferidas com atenção, gerando ao final do expediente dos operadores um relatório com informações coerentes.

A supervisão e a conferência do caixa do operador, após o encerramento do seu expediente, fica a cargo do pessoal da administração financeira, da tesouraria ou de um fiscal de caixa, dependendo da estrutura e da política da empresa. Esses setores checam a movimentação do expediente depois do fechamento para garantir a acurácia (ou coerência) entre o valor físico e o valor virtual do caixa.

Para facilitar esse processo, cada empresa adota o tipo de relatório que mais se encaixa em sua forma de trabalho. Não há um modelo-padrão, mas a estrutura é sempre parecida. Afinal, o saldo de caixa é o registro do que foi recebido, descontado do que eventualmente tenha sido pago pelo operador de caixa em sua estação. Podem variar, porém, a apresentação gráfica do relatório de fechamento e as regras operacionais dos processos de movimentação, tais como abertura, sangrias e fechamento. Veremos a seguir cada um desses processos detalhadamente.

Abertura do caixa

A expressão abertura de caixa é o nome dado ao momento em que o operador inicia seu trabalho na estação. Esse momento influencia as atividades de todo o expediente e deve ser feito com rapidez e simplicidade, garantindo agilidade e qualidade de atendimento aos clientes.

É crucial ter calma, foco e equilíbrio para que as rotinas de verificação relativas à abertura sejam executadas com atenção. O operador também precisa ser gentil e ágil, especialmente quando a abertura do caixa é feita com a loja em funcionamento e a fila em andamento, com os clientes aguardando a estação voltar funcionar. Nesse malabarismo entre prestar atenção às rotinas e demonstrar preocupação com o bem-estar do cliente residem grandes oportunidades de gerar clientes satisfeitos.

A primeira e mais importante informação fornecida ao sistema durante a abertura é o fundo ou o suprimento inicial do caixa (o nome dessa e das demais operações pode variar de acordo com a empresa desenvolvedora do software). Trata-se da quantia em cédulas e moedas que a empresa disponibiliza para que o operador possa fornecer troco aos clientes, principalmente nas primeiras vendas do dia. Essa quantia deve ser conferida com atenção antes de ser lançada no sistema ou nas tabelas de controle – procedimento que pode ser considerado padrão para todos os estabelecimentos.

Algumas empresas responsabilizam o encarregado de caixa ou o setor financeiro pelo lançamento do fundo de caixa. Nesses casos, o operador já recebe o caixa pronto para operação. Recomenda-se, no entanto, que ele acesse o relatório e consulte se o valor lançado confere com o que se encontra na gaveta. Caso haja divergência, ele deve solicitar a presença imediata do responsável pela abertura do caixa para resolver o problema antes de iniciar a operação.

Há ainda empresas em que o operador e o responsável pela conferência dos caixas realizam juntos essa tarefa. Assim, os representantes do financeiro e do posto de trabalho estão cientes do montante inicial disponível na gaveta e de seu exato lançamento na abertura do caixa.

Todos esses métodos têm a mesma finalidade: promover segurança tanto para o empregado como para a empresa. Não existe consenso a respeito de qual seria a melhor opção, mas a escolha da gestão geralmente adequa-se à realidade do negócio, ao número de colaboradores e aos controles adotados.

Outra ação importante do momento de abertura do caixa é a checagem do funcionamento da estação de trabalho. Isso serve para evitar que problemas técnicos, que poderiam ter sido identificados inicialmente, atrapalhem as atividades e gerem transtornos para os clientes. Por fim, deve-se realizar também a limpeza da esteira do caixa ou do balcão de atendimento, dependendo do modelo de checkout utilizado. Em alguns casos, quando o caixa está inativo, a organização possui colaboradores responsáveis pela higienização do posto antes da chegada do próximo operador.

Tudo isso é importante porque proporciona boas condições de trabalho e influencia a experiência de compra dos clientes. Quando o operador entra em seu posto de trabalho, enquanto prepara os equipamentos e realiza os procedimentos para operá-los, também precisa se preparar mentalmente para o atendimento. Por isso é importante que aja com tranquilidade e leveza.

Vendas e elementos da prestação de contas

A movimentação básica de um caixa consiste nas operações matemáticas de adição e subtração. Ou seja, diariamente, todas as vendas são somadas ao fundo de caixa e aos suprimentos de caixa, enquanto as saídas do caixa (sangrias, pagamentos a fornecedores, etc.) são subtraídas, obtendo-se assim o total financeiro que o operador de caixa deverá repassar à empresa pelos recebimentos das vendas efetuadas. Em pequenos estabelecimentos, é comum que o caixa realize pagamentos aos fornecedores, por exemplo. E, no final do expediente do operador, todas essas movimentações comporão o fechamento do caixa.

As importâncias não recebidas em dinheiro não impactam a soma do valor final na gaveta do operador, embora constem no relatório de fechamento. Entretanto, mesmo que o recebimento em cheques, vales e cartões não impacte o somatório do caixa, também é acumulado em linhas do relatório do fechamento do caixa especificadas para cada modalidade de pagamento, das quais o operador prestará contas. Para evitar problemas, todas as vendas e as demais movimentações realizadas precisam ser corretamente categorizadas pelo operador, de acordo com a modalidade de pagamento do cliente ou o tipo de despesa paga.

Por exemplo, se o cliente comprou R$ 25,00 em mercadorias e realizou o pagamento em dinheiro, o sistema somará esse valor ao montante em dinheiro acumulado na gaveta. Porém, se o pagamento for feito com cartão, o sistema fará a adição ao somatório de cartões recebidos no dia. Caso o operador informe que a venda foi feita em dinheiro quando, na verdade, ela foi feita em cartão, o controle pedirá R$ 25,00 que não existem fisicamente em sua gaveta.

Geralmente, a qualquer momento durante o expediente, ou no fechamento do caixa, é possível encontrar o saldo total – resultado das receitas das vendas e dos suprimentos de caixa, menos o total de sangrias e eventuais despesas durante a movimentação – daquele período de trabalho.

Agora que já compreendemos como os sistemas de automação constroem os relatórios de prestação de contas, vamos entender como registrar as vendas. Para isso, basta que o operador apresente ao leitor de código de barras o produto que está sendo comprado pelo cliente e informe a quantidade. Isso evita que o operador precise repetir a leitura diversas vezes para registrar múltiplas unidades de um mesmo item.

É hora de pesar!

Alguns estabelecimentos optam por realizar a pesagem dos alimentos no checkout. A balança do caixa funciona da mesma maneira que as balanças de balcão instaladas na área de FLV (frutas, legumes e verduras) e nos açougues. A diferença entre elas é que não há, na balança de checkout, o bloco impressor – parte que emite etiquetas para colar no saquinho do produto –, já que não há necessidade delas.

(cont.)

A pesagem é muito simples. É só pegar o produto, que já deve vir embalado e fechado separadamente, colocar sobre a balança e digitar o código do item no sistema. O valor será emitido no cupom fiscal, acompanhado da descrição do item, do peso e do preço por quilo. Pequenas variações no processo podem surgir, dependendo do procedimento adaptado pelo estabelecimento e pelo desenvolvedor do software de automação comercial.

Quando ocorrem vendas de itens que não tem identificação de código de barras, segue-se o mesmo processo da pesagem na balança. O operador busca no cadastro dos produtos do estabelecimento o código daquele item, informa ao sistema a quantidade comercializada e a venda é automaticamente lançada.

Posteriormente, os registros das vendas são utilizados pela administração do negócio a fim de identificar a evolução comercial, econômica e financeira da empresa. Os compradores das varejistas valem-se especialmente dos lançamentos do operador de caixa na hora de calcular a quantidade de itens que precisam ser adquiridos, considerando a quantidade em estoque, o tempo de entrega do fornecedor e, principalmente, a tendência da demanda do cliente. Enfim, a estratégia comercial de uma empresa varejista passa, em grande parte, pelo trabalho do operador de caixa.

A simulação a seguir nos ajuda a compreender a influência que o registro das vendas tem sobre a compra dos itens vendidos nos estabelecimentos.

Atividade 1: Inventário de estoque

Para compreender melhor o raciocínio que o sistema utiliza para construir o inventário de estoque, assim como o papel do operador de caixa ao registrar as vendas, vamos simular

(cont.)

e calcular um desses relatórios. Considere uma empresa que comercialize cestas básicas compostas por apenas 5 itens: arroz, feijão, óleo de soja, macarrão e farinha. Veja que todas as cestas básicas dessa empresa tenham a mesma composição a seguir:

- 2 unidades de arroz
- 1 unidade de feijão
- 3 unidades de óleo de soja
- 4 unidades de macarrão
- 2 unidades de farinha

Depois, suponhamos que o estoque da empresa no dia 31/8 seja de 50 unidades de arroz, 30 de feijão, 40 de óleo de soja, 60 de macarrão e 25 de farinha. Então, ao longo de setembro, foram registradas as seguintes movimentações comerciais:

5/9 – Compra: 180 unidades de arroz
250 unidades de óleo de soja
400 unidades de macarrão
300 unidades de farinha

10/9 – Venda: 30 cestas básicas

15/9 – Compra: 120 unidades de feijão

20/9 – Venda: 50 cestas básicas

25/9 – Compra: 60 unidades de arroz
100 unidades de óleo de soja
70 unidades de macarrão

29/9 – Venda: 45 cestas básicas

Com base nessas informações, construa o relatório de inventário de estoque da empresa em 30/9.

(cont.)

Atividade 1: Inventário de estoque

Produto	Quantidade em estoque em 30/9	R$ custo unitário	R$ custo total
Arroz		R$ 15,00	
Feijão		R$ 7,00	
Óleo de soja		R$ 5,00	
Macarrão		R$ 3,00	
Farinha		R$ 4,00	
Valor do inventário ->			

Confira as respostas para esta atividade na p. 109.

Vale a pena relembrar que o operador de caixa não constrói relatórios de inventário, mas seu trabalho tem influência direta sobre esse relatório. Por isso é importante registrar as vendas de maneira correta no sistema, não só para garantir que a empresa receba por aquilo que foi comercializado, mas também para evitar que a gestão tenha falsos dados em mãos para a tomada de decisões.

Cancelamento de venda

Em alguns casos, pode ser necessário cancelar uma compra inteira, caso o cliente tenha esquecido a carteira, por exemplo, ou então cancelar apenas alguns itens, seja por tê-los registrado a mais por descuido, seja a pedido do cliente que, por exemplo, não pode exceder determinado valor na compra.

Quando for necessário cancelar uma compra inteira, considerando que a venda ao cliente ainda esteja em processo, geralmente os softwares de automação solicitam a senha do fiscal de caixa e efetuam o cancelamento, descartando por completo os registros da venda até o momento. A partir daí, cada empresa adota uma estratégia diferente. Algumas retêm os itens da compra para que o fiscal de caixa faça a conferência junto ao relatório de fechamento de caixa do operador. Outras liberam o caixa e o fiscal retorna com os produtos para dentro do estabelecimento, encaminhando-os para devolução à exposição. Esta é a forma normalmente adotada em pequenos varejos.

Além do cancelamento integral da venda, existe o cancelamento de itens, em geral usado para corrigir lançamentos errados ou quando o cliente desiste de um produto. Os sistemas de vendas, geralmente, estão preparados para que o operador, por meio da autorização do fiscal de caixa e da senha de autorização, estorne a mercadoria da compra sem maiores problemas.

Documentos fiscais

A cada venda, por lei, a empresa é obrigada a gerar a documentação fiscal que a comprove, ou seja, o cupom fiscal e, em alguns casos, a nota fiscal.

Documentos fiscais

- **Nota fiscal (NF)**

  Serve para lançamento na contabilidade das empresas, documentando compras de mercadorias para revenda e também o uso, o consumo ou a aquisição de ativos imobilizados, como carros, móveis e computadores. Também proporciona às empresas, dependendo do regime tributário, a recuperação de crédito de impostos gerados ao longo da cadeia percorrida pelo produto. É bastante utilizada para efeito de garantia de fábrica de bens duráveis.

- **Cupom fiscal (CF)**

  Pela simplicidade do documento, que tem a intenção de agilizar as transações cotidianas em mercado nacional, não re-

(cont.)

querendo nem mesmo o nome do cliente – operação chamada de venda ao consumidor –, destina-se à simples comprovação de despesas. Todavia, não permite que as empresas aproveitem os créditos de impostos, e não serve para documentar suas compras e aquisições. O cupom fiscal serve também para a conferência do cliente, além do cumprimento de exigência legal.

Desde 2012, a lei nº 12.741/12, que visa o esclarecimento ao consumidor, obriga todas as empresas que realizam vendas diretas ao consumidor – exceto os microempreendedores individuais (MEI) – a informarem nos cupons fiscais, notas fiscais e documentos equivalentes o **valor e o percentual aproximado de impostos** a pagar em função da venda de produtos ou serviços ao consumidor final. Mais uma vez, ao operador de caixa não é exigido qualquer tipo de trabalho adicional, já que os softwares da frente de caixa devem estar preparados para fazer esses cálculos automaticamente.

A boa notícia é que o operador de caixa não precisa realizar nenhuma tarefa adicional para gerar esses documentos. Para criar um cupom fiscal, por exemplo, basta lançar os itens comercializados e a forma de pagamento no sistema de controle, e os equipamentos do caixa emitirão automaticamente o documento, em que aparecem a quantidade e a descrição dos itens, o valor da venda e a forma de pagamento. Em alguns casos, conforme legislação específica, também é possível encontrar o **valor aproximado de impostos** que a empresa deverá recolher em razão da venda.

Além do cupom fiscal, em alguns casos específicos é requerida a emissão da nota fiscal. As diferenças principais entre esses documentos são o formato, o tempo e as informações requeridas para a emissão de cada um. Enquanto o cupom fiscal é gerado durante a venda e não requer nenhuma informação do consumidor, a nota fiscal, porém, precisa de uma série de dados para sua validação.

Outra diferença é que até bem pouco tempo atrás os CFs eram emitidos pelos emissores de cupom fiscal (ECF), impressoras térmicas específicas para registros tributários de vendas. Atualmente, eles são impressos por impressoras térmicas convencionais, e a maneira de registrar os tributos das vendas agora é eletrônica, via internet, como no caso da nota fiscal eletrônica, e de acordo com a seguinte rotina:

1. A empresa envia ao **fisco** os dados da nota fiscal eletrônica (NFe), que incluem informações sobre o cliente, os itens vendidos, os preços, as formas de pagamento e a tributação. O cupom fiscal eletrônico (CFe) segue as mesmas etapas, com exceção do envio dos dados cadastrais do cliente, que não são necessários, assim como não eram no CF.
2. O fisco, por sua vez, gera o arquivo XML, que de fato é a nota fiscal, e o devolve à empresa.
3. A empresa, então, pode entregar a nota fiscal ao cliente, registrá-la em sua contabilidade ou utilizá-la para outro fim.

O termo **fisco** se refere às competências fiscais federais, estaduais e municipais que, além de exigir por força de lei o pagamento dos impostos das empresas (observados principalmente sobre as vendas), também as supervisionam para que não se eximam da prestação das devidas informações sobre seu movimento comercial (operações de compras e vendas).

Com isso, podemos concluir que, tanto o cupom fiscal eletrônico quanto a nota fiscal eletrônica são, na verdade, arquivos de computadores e não mais papéis fornecidos ao portador, como eram até então a NF e o CF. Assim, os papéis impressos são apenas extratos da operação, já que o documento em si está armazenado nos computadores, também à disposição do cliente.

Atualmente, as empresas podem emitir notas fiscais manuais ou eletrônicas, dependendo da legislação a que estão sujeitas (em função de seu ramo de atuação, de seu regime tributário e do estado onde se localizam). As notas fiscais manuais são cada vez mais raras e têm uso restrito a poucas empresas. Para a maioria, resta mesmo a emissão da nota fiscal eletrônica (NFe). Contudo, empresas que iniciam a atividade agora são obrigadas a usar o cupom fiscal eletrônico.

Por fim, cabe ressaltar que a legislação sobre o tema é densa e complexa, com relativa autonomia a cada estado da União para legislar em seu território. Portanto, o propósito aqui foi abordar esse assunto apenas sob o ponto de vista do operador de caixa, sem a intenção de tratá-lo sob aspectos contábeis ou orientações tributárias.

Vale lembrar que o operador de caixa não tem que se preocupar com o planejamento dessas tecnologias ou com o uso ou a interpretação da legislação. A ele cabe apenas a operação da venda, por meio de softwares que garantam a assertividade do processo e a emissão dos documentos fiscais.

Suprimento e sangria de caixa

Outra ação que pode ser necessária durante o expediente do operador de caixa é a reposição de notas ou moedas para fornecer troco aos clientes. Há duas possibilidades para repor as notas de um checkout. A primeira é o suprimento de caixa, que obedece à mesma lógica do lançamento do fundo durante a abertura do caixa (de acordo com os padrões de cada organização). No momento da abertura do caixa, o operador deverá classificar a operação como "fundo de caixa", informar os detalhes, checar o valor do fundo e inseri-lo no sistema. Já para o suprimento de caixa, são realizados procedimentos similares, mas a classificação é diferente. É bom ressaltar que esses procedimentos dependem de normas internas de cada empresa.

A segunda possibilidade é a simples troca do valor. Ou seja, recebe-se determinada quantia de dinheiro em diversos tipos de nota e moeda e paga-se o mesmo valor com notas maiores. É uma forma mais simples, que não impacta nem o valor do caixa nem a modalidade de recebimento. Por esse motivo, não há necessidade de ser justificada em lançamento.

"Desculpe-me, senhor, não tenho troco"

Quem nunca recebeu uma bala ou um bombom como troco? Porém, alguns municípios brasileiros, como o Rio de Janeiro, já aderiram à chamada "lei do troco", que visa garantir que o consumidor receba seu troco de forma integral e em espécie. Assim, é proibida a substituição do troco por produtos, pois isso configura venda casada – que é condicionar a venda de um produto a outro –, prática proibida pelo **Código de Defesa do Consumidor (CDC)**.

O estabelecimento não é obrigado a cobrar preço redondo, mas, caso falte o troco, é obrigatório baixar o preço até que o troco possa ser dado. Ou seja, se um cliente compra um produto que custa R$ 19,99, paga com uma nota de R$ 20,00 e o estabelecimento não possui moeda de R$ 0,01 para devolver, deverá ter a de R$ 0,05. Se também não tiver essa, precisa checar se possui a de R$ 0,10, e assim por diante. Uma coisa é certa: o cliente não pode ser prejudicado.

O **CDC** é composto por um conjunto de regras que determinam responsabilidades na relação entre fornecedores e consumidores. Entre outras premissas, ele visa garantir padrões adequados de segurança, qualidade, desempenho e durabilidade de produtos e serviços.

Vale lembrar que pode haver regras específicas para a operação do caixa, de acordo com o padrão de funcionamento de cada organização e do software de automação comercial. Deve-se seguir esses procedimentos impostos à risca, para dar segurança e suporte à tomada de decisão.

Às vezes, também é necessário retirar dinheiro do caixa, seja por questões de segurança (movimento chamado de sangria, que consiste na retirada de valores para armazenagem em um cofre), seja para pagamento de fornecedores. Existem vários tipos de sangria de caixa, de acordo com a necessidade de cada empresa. É importante destacar que todas devem ser lançadas imediatamente no sistema para que o operador tenha em sua gaveta o valor atualizado em tempo real. Obviamente, no relatório de fechamento de caixa, elas devem ser subtraídas.

Para os casos de envio de montante ao cofre ou pagamento de contas, o operador deve classificar a operação como "sangria", informar a hora, o tipo de pagamento e o valor da retirada. Quando se trata de pagamento de contas, geralmente também é necessário armazenar o documento que comprove o desembolso em nome da empresa e enviá-lo no malote de fechamento de caixa.

As movimentações, que geram impacto no relatório de fechamento, precisam ser lançadas no sistema a fim de amparar as conferências no fim do expediente. Dependendo da empresa, há ainda documentos auxiliares que devem ser preenchidos para as movimentações. No entanto, os sistemas de frente de caixa evoluem cada dia mais, de modo que as informações preenchidas são identificadas com a **senha** e/ou o crachá de cada funcionário, tornando os documentos auxiliares de controle, em muitos casos, obsoletos.

Compartilhamento de senhas

A autenticação de usuário e a senha para movimentações manuais, como sangrias e suprimentos, garantem a segurança nos processos de trabalho dos operadores. É bom lembrar que não se deve fornecer senhas a outros usuários. Dependendo da política de segurança da empresa, fornecer esse tipo de informação pode ser considerado falta grave.

Finalização da venda

Entre as muitas variáveis relacionadas ao desenvolvimento de uma empresa, a venda é uma das principais. Nem as organizações, nem o país conseguem se desenvolver a menos que haja clientes que gerem consumo. O cliente é quem justifica a existência dos varejistas. É ele quem patrocina as vendas, gera lucro e as condições de manutenção e crescimento da organização. Esse desenvolvimento, por sua vez, gera mais empregos, alavanca a economia e melhora o poder de consumo das famílias.

O cliente pode ter inúmeras motivações para entrar pela primeira vez em um estabelecimento e consumir. Além de suas necessidades ou desejos, os fatores de decisão podem estar ligados à localização do negócio, ao clima agradável de convivência entre os colaboradores, à ambientação do estabelecimento, às ofertas atrativas, etc. Porém, se o cliente vai continuar consumindo ali, é outra história.

As campanhas para atrair novos clientes são apenas o primeiro desafio. A grande prova consiste em mantê-los fiéis, e a fase final da venda é um dos momentos mais importantes do atendimento prestado pela empresa e, em particular, pelo operador de caixa.

Nessa hora, o operador de caixa pergunta ao cliente como foi sua experiência de compra, se encontrou todos os itens que procurava, se apreciou a nova ilha promocional instalada no corredor central da loja, se gostou da nova coleção de vestidos, etc. É importante também passar a certeza de que a opinião e a vontade do consumidor são válidas, anotadas e, se possível, atendidas. É fundamental manter o canal de comunicação aberto com o cliente.

Se o operador ajudar no empacotamento, ele deve cuidar para que os produtos sejam embalados de forma correta. Embalagens frágeis, com cheiro forte que possa contaminar outros produtos, roupas feitas de tecidos delicados, materiais de limpeza, produtos resfriados: cada um desses itens precisa de cuidados especiais. A regra principal é usar o bom senso, mas algumas dicas podem ajudar.

Empacotamento de produtos

1. Fragilidade

Alimentos que tenham facilidade de quebrar ou amassar, perdendo suas características, precisam ser embalados separadamente, por exemplo: biscoitos, ovos, pães, queijos, carnes e legumes processados, frutas delicadas e hortaliças.

2. Distribuição de peso

Preste atenção ao volume de cada sacola e não acumule sobrepeso, assim facilita o transporte e evita que a sacola se rompa.

3. Contaminação

Jamais embale alimentos com produtos de limpeza e higiene pessoal, para evitar contaminação. Produtos tóxicos e com embalagens frágeis com risco de vazamento ou rompimento, como água sanitária, solventes, soda cáustica, inseticidas, desinfetantes e semelhantes, devem, quando possível, ser carregados sozinhos e com a boca da sacola amarrada, para evitar que o cheiro do produto permaneça no interior do veículo do cliente.

4. Embalagens especiais

Produtos de alto valor agregado, como perfumes, joias e maquiagens, pedem atenção especial quanto à embalagem. Nesses casos, os estabelecimentos geralmente disponibilizam sacolas que tenham alto padrão estético e de qualidade. Esses cuidados ajudam a evitar a depreciação da embalagem final do produto, além de melhorar a experiência de compra do cliente e o atendimento prestado.

As sacolas plásticas e a sustentabilidade

As sacolas plásticas ocupam lugar de destaque nos debates sobre um modo de vida sustentável, que supra as necessidades humanas e ao mesmo tempo zele pela preservação do futuro saudável das próximas gerações por meio de hábitos ambientalmente menos impactantes.

As sacolas, embora facilitem nossa vida e estejam presentes em nosso dia a dia, contribuem para o grande acúmulo de lixo no mundo e causam grandes danos à natureza. Estudos mostram que até 2015 o mundo já havia produzido cerca de 8,3 bilhões de toneladas de plástico e que apenas aproximadamente 9% desse total foi reciclado. A discussão a respeito das sacolinhas não é exclusivamente brasileira. Diversos paises no mundo discutem sobre o impacto do plástico, em especial o que é despejado nos oceanos, e alguns já sancionaram severas leis a respeito. No Quênia, por exemplo, as sacolas plásticas são proibidas, desde a produção até o uso.

A cultura de reaproveitamento das sacolas de supermercado no Brasil talvez demore a mudar, pois é um hábito arraigado, mas o operador de caixa pode ajudar na conscientização: primeiro, oferecendo sacolas retornáveis, caso estejam disponíveis no estabelecimento onde trabalha; segundo , evitando desperdícios na hora de embalar os produtos; e, terceiro, é imprescindível estar bem informado sobre a lei em vigor a respeito do tema no estado onde atua.

Outra ferramenta fundamental na finalização da venda é o cadastramento de clientes, que visa otimizar o relacionamento entre o estabelecimento comercial e o consumidor. Com ele, a empresa pode conhecer, de forma organizada, estruturada e profissional, quem é o cliente, onde mora, o que costuma comprar, com que frequência consome determinados itens, qual a composição de sua família e dezenas de outras informações úteis para a análise do público-alvo e para a composição do mix de produtos para cada nicho de mercado do autosserviço.

Algumas empresas, principalmente as de pequeno porte, costumam cadastrar somente dados essenciais do cliente, como documentos e endereço, que garantem a possibilidade de acioná-lo em caso de inadimplência. Em outro extremo, existem empresas realizando cadastros extensos, sem utilidade. O bom cadastro é aquele que atende às necessidades da empresa e contribui para a geração de riqueza e a captação e retenção de clientes.

Para despertar o interesse dos clientes, as empresas começaram a ofertar pequenas vantagens para quem faz o cadastro, além de benefícios maiores para quem continua fazendo compras no estabelecimento. Dessa estratégia, nasceram os programas de fidelidade, pautados em duas das principais premissas de marketing: a captação e a retenção de clientes. Por meio desses programas, as empresas promovem ações que oferecem vantagens aos clientes cadastrados, que podem variar de descontos no próprio caixa até o recebimento de brindes, desde que os consumidores se mantenham "fidelizados" aos estabelecimentos. Em suma, para o programa de fidelidade se sustentar, é preciso usar estratégias e ações que mantenham a experiência de compra interessante tanto para os clientes quanto para a empresa.

Para o cliente, a vantagem de estar em um programa de fidelidade de combustíveis, por exemplo, é que, quanto mais ele abastece o carro, mais tem descontos em combustível ou produtos.

Para a empresa, a vantagem é que o cliente procurará se organizar para sempre abastecer naquele posto e assim poder desfrutar do programa de fidelidade. Com isso, o estabelecimento tem a possibilidade de melhor apresentar seu atendimento, a qualidade de seu combustível, os produtos da loja de conveniência e outros serviços ao cliente. Afinal, com os clientes na loja, aumentam as possibilidades de vendas.

O operador de caixa tem que incentivar o cadastro do cliente, com ou sem programa de fidelidade, mostrando suas vantagens e apresentando-o como um recurso que permite à empresa atender às necessidades do cliente de maneira mais adequada. Em alguns casos, as empresas que não possuem programas de fidelidade podem dar brindes, os quais são entregues pelo operador de caixa aos clientes que realizam o cadastro.

Caso o cliente já esteja cadastrado, em geral o operador de caixa deve confirmar se seus dados estão atualizados. É importante deixar claro que os dados do cliente são **sigilosos**, servindo para uso exclusivo da empresa em futuros negócios entre eles, nunca sem consentimento prévio.

Em hipótese alguma o operador pode passar os dados do cliente adiante ou usá-los em proveito próprio. Isso pode parecer uma afirmação óbvia, mas em 2015 um operador de telemarketing – de uma operadora de telefonia e TV a cabo – usou o telefone celular de uma cliente cadastrada para lhe enviar mensagens e assediá-la por meio do aplicativo WhatsApp. Além de demissão por justa causa, esse comportamento pode levar ao processo criminal por assédio sexual.

Imprevistos durante o atendimento no caixa

Em caso de imprevistos, como um caixa defeituoso que causa o aumento da fila, a coisa mais acertada a fazer é ser sincero com os clientes e informá-los sobre o que está acontecendo, como o problema será resolvido e quanto tempo levará para a resolução. A transparência, mesmo em uma situação desagradável, é sinal de responsabilidade, atenção e respeito.

Em caso de panes que levem mais tempo para ser reparadas, solicite ajuda do fiscal de caixa e distribua a fila do seu caixa para os checkouts com menos movimento. Vale destacar que, para lidar com imprevistos relacionados às ferramentas de trabalho, além de realizar as checagens descritas no início deste capítulo, o operador de caixa precisa conhecer bem os equipamentos que vai utilizar no dia a dia.

Caso o equipamento do caixa tenha dado problema enquanto se registrava a venda de um cliente, converse com ele, mostre na tela ou no cupom onde parou de somar os produtos e retome posteriormente com toda a clareza possível, para que ele não interprete o problema como má-fé da organização. Se perceber que o cliente está insatisfeito, pergunte se ele prefere que você cancele a venda e faça novamente os registros, para que não haja dúvidas.

É importante desenvolver a habilidade de ler o cliente. Mesmo que o operador tenha certeza de que o registro parcial esteja certo, não deve ignorar a sensação de desconforto do cliente, afinal ele não trabalha na organização e não conhece o processo e o sistema.

Recebimento de valores

Novas soluções de pagamento para o varejo surgiram nos últimos anos e, ao que parece, o ritmo de crescimento desse setor continua em alta. Para atender os adeptos das diversas modalidades desse mercado volátil e de alta competitividade, os estabelecimentos comerciais se veem pressionados a oferecer o maior número possível de formas de recebimento. O operador de caixa deve, portanto, conhecer as formas aceitas pela empresa onde trabalha e os procedimentos adotados para cada uma. Algumas empresas realizam a venda por softwares, outras em máquinas específicas. É bom ressaltar que os estabelecimentos só são obrigados por lei a receber cédulas e moedas de Real, ressalvados raros casos e negócios específicos, enquanto as outras formas de pagamento são opcionais.

Quando o operador de caixa recebe um valor em cédulas, deve checar a autenticidade das notas para garantir a segurança do negócio. Se o pagamento for realizado total ou parcialmente em cheque, são necessárias algumas medidas a fim de minimizar o risco de fraudes e perdas financeiras. Apesar de cada empresa adotar regras internas, a seguir você encontra algumas ações comuns a todas as organizações:

- Confira se todos os dados obrigatórios foram preenchidos corretamente: data, valor numérico e por extenso e assinatura.
- Caso o preenchimento do cheque seja realizado pelo operador ou pela impressora do estabelecimento, devolva-o para o cliente conferir os dados.
- Verifique se não há rasuras. Caso esteja rasurado, solicite ao cliente que o substitua, já que o banco fará a recusa do pagamento.
- Verifique o regimento interno da empresa quanto à concessão de crédito ao cliente, o valor máximo da compra com cheque e a necessidade de consulta às empresas de proteção ao crédito.

A aceitação de cheques segue regras cada dia mais rígidas nas organizações. Porém, cartões de crédito e débito são mais seguros, práticos e evitam com mais eficiência fraudes e perdas financeiras. Vale lembrar que se o operador de caixa cumpriu com todas as regras de aceite e de segurança para o recebimento do cheque e, por algum motivo, o cheque foi devolvido pelo banco, o operador de caixa fica isento de responsabilidade.

Perdas nas operações de varejo

O varejo nacional apresenta um número elevado de **perdas** na operação, ou seja, na loja, por diversos motivos. Grande parte são furtos praticados de inúmeras formas, como itens escondidos em bolsas, carrinhos de bebê e bolsos de roupas, além de outras ações mais elaboradas, como a substituição do conteúdo da embalagem de um produto mais barato por outro mais caro.

As perdas podem ser divididas em dois grupos principais: as identificadas (aquelas que as lojas conseguem mensurar logo que acontecem, relativas a quebras ou danos em produtos), também chamadas de quebras operacionais; e as não identificadas (aquelas que as empresas só conseguem verificar por meio da contagem dos itens em estoque, o conhecido **inventário**. O principal exemplo é o furto interno ou externo).

Segundo a Avaliação de Perdas nos Supermercados Brasileiros, publicada em setembro de 2017 pela Associação Brasileira de Supermercados (Abras), a média percentual de perdas foi de 2,10% do faturamento bruto em 2016 contra 1,96% em 2015. Esse percentual às vezes é superior ao próprio lucro da empresa e, em 2016, ultrapassou o montante de R$ 7,11 bilhões (Associação Brasileira de Supermercados, 2015).

Isso prejudica diretamente a rentabilidade do negócio e, consequentemente, a estabilidade econômica e financeira da empresa. De acordo com o Anexo I da NR-17 (Portaria SIT nº 8, de 30 de março de 2007), o operador de caixa é proibido de realizar qualquer tarefa relacionada à segurança patri-

As **perdas** referem-se a todos os ativos – bens patrimoniais ou direitos que a organização possui – perdidos pela empresa em algum trecho de seu processo administrativo ou operacional que, consequentemente, reduzem o lucro do negócio.

O **inventário** é uma ferramenta de controle para mensurar e verificar a coerência das informações do estoque virtual em relação ao estoque real dos estabelecimentos. Isto é, é o processo de contar os produtos que a empresa de fato tem, como nas prateleiras, nas gôndolas e manter no estoque, e verificar se essa quantidade é igual à quantidade de produtos que consta no sistema. Dependendo do formato de contagem adotado pela empresa, o operador de caixa pode participar do processo de conferência física dos estoques, seja lançando os itens contados, seja comparando as informações da tabela de itens com o que está na gôndola ou até mesmo contando os itens.

monial (Brasil, 2007). Por isso, faz parte de suas atribuições realizar a verificação minuciosa dos itens que estão na esteira do caixa.

Porém, há outra forma de perda ainda mais ligada ao operador: as perdas financeiras, que consistem em receber dinheiro a menos do cliente, seja pelo recebimento de um valor errado em espécie ou no processamento de vendas em cartões. A atividade do operador é exata e precisa de cautela e atenção para não dar prejuízo à empresa nem ao cliente.

O operador, quando atento, também pode identificar possíveis perdas em outros setores, como produtos acondicionados de maneira inadequada. Nesses casos, é preciso informar respeitosamente aos profissionais do outro setor sobre os problemas encontrados.

A venda por cartões, seja de débito, crédito, seja de alimentação ou refeição, utiliza os equipamentos disponíveis no estabelecimento. Com o aprimoramento das tecnologias para esse tipo de transação, o processo tornou-se muito rápido e simples. Existem equipamentos interligados ao sistema, em que o próprio cliente conduz a operação de pagamento, inserindo o cartão, conferindo o valor que surge automaticamente na tela e então digitando a senha.

Em maquininhas não interligadas ao sistema de vendas da empresa, o operador de caixa insere o cartão na máquina, escolhe a forma de pagamento solicitada pelo cliente (débito, crédito ou voucher: alimentação, refeição, etc.) e digita o valor da compra. Em seguida, solicita que o cliente digite a senha para validar a compra.

Depois da aprovação da transação pela operadora do cartão, o equipamento emite duas vias do comprovante: uma para o estabelecimento (que deve ser armazenada no caixa do operador, para arquivamento da empresa e para que o financeiro faça a checagem do recebimento) e outra que deve ser entregue para o cliente.

Todas as vezes que o operador fecha uma venda e o cliente escolhe pagar o estabelecimento com um cartão de débito ou crédito o estabelecimento paga um percentual do valor da venda para a operadora do cartão. Por exemplo, imaginemos que uma cliente gaste R$ 50,00 num açougue e pague com cartão de crédito. Se o açougue tiver firmado com a operadora de cartão um contrato com operação de 3% para as vendas a crédito, receberia 97% do valor pago pela cliente, ou seja, R$ 48,50. Apesar disso, os cartões impulsionam as vendas, já que estendem o poder de compras do cliente.

Para o operador de caixa, esse tipo de pagamento oferece facilidade, agilidade e diminuição do risco das quebras de caixa (quando o valor em caixa não coincide com o valor computado ao longo do dia), pois não há a necessidade de se realizar uma operação monetária.

Para o cliente, também é um ótimo negócio. Com o cartão de crédito, ele não precisa carregar o dinheiro consigo. Sem qualquer acréscimo no valor, ele ganha prazo para pagar a compra, já que o cartão de crédito fornece uma fatura com vencimento para o mês seguinte à compra, após o fechamento da data base do cliente.

Para o estabelecimento, há a segurança na venda a prazo, pois, apesar de também receber só no próximo mês, o recebimento está garantido, já que o risco da operação é assumido pela operadora do cartão da cliente. Para as vendas a débito, a diferença é que o valor é debitado na hora da conta do cliente. Consequentemente, a operadora de cartão não assume o risco de inadimplência, e é mais barato para o estabelecimento operar com esse tipo de cartão.

As operadoras de cartão de crédito e débito, além de exigirem do estabelecimento o pagamento de um percentual sobre as vendas processadas com o cartão, em alguns casos ainda cobram anuidade do portador do cartão.

Em resumo, em compras com cartão de crédito, o cliente paga com prazo, enquanto o estabelecimento também recebe com prazo e paga mais pela operação. Já com o cartão de débito, o cliente paga à vista, enquanto o estabelecimento paga menos e recebe (quase) à vista, pois o débito ocorre na hora na conta do cliente.

Cédulas suspeitas: como identificar e o que fazer

O operador de caixa precisa adquirir perícia na verificação da autenticidade de cédulas, pois é ele quem lida diretamente com o recebimento de valores e pode evitar uma possível perda financeira. Apesar de existirem ferramentas para isso no mercado, como canetas e luzes especiais, que prometem ajudar na verificação de cédulas falsas, nenhuma delas é reconhecida pelo Banco Central.

Para ajudar os brasileiros a reconhecer e a identificar os elementos de segurança que devem ser observados em cada cédula, o Banco Central do Brasil fornece recursos como a cartilha de treinamento da Segunda Família do Real[1] e o aplicativo Dinheiro Brasileiro, disponível gratuitamente para download em dispositivos móveis. Quando a pessoa direciona a câmera do smartphone ou tablet para a nota, o aplicativo a identifica por comparação e apresenta os elementos de segurança. Apesar de não identificar notas falsas, ele dá suporte para quem precisa fazer isso sem que esqueça de alguma característica relevante.

Outro ponto que precisa ser destacado é o direito do cliente de pagar o preço que está sinalizado na mercadoria. De acordo com o Código de Defesa do Consumidor, se houver divergência entre o valor que consta na embalagem e o que aparece no sistema, o cliente paga o menor preço. Nesse caso, o software do caixa cobra o preço relacionado ao código do produto e, para mudar o preço, normalmente o gerente de loja ou o **fiscal de caixa** faz a alteração diretamente no caixa, validada por senha.

O **fiscal de caixa**, profissão encontrada em grandes lojas, tem a função de criar a estrutura necessária para o desenvolvimento do trabalho do operador de caixa. Cada empresa, dependendo do seu tipo de cliente, ramo de atividade e planejamento estratégico, atribui diferentes tarefas a esse profissional. Normalmente, é ele quem gerencia os pequenos entraves constantes da frente de caixa, como:

- Substituição do operador de caixa por necessidades psicofisiológicas.
- Gerenciamento dos horários e dos postos de trabalhos.
- Fornecimento dos suprimentos de caixa e retirada das sangrias de caixa (em alguns casos, dependendo da estrutura do negócio).
- Liberação de descontos acima dos permitidos pelo software de caixa, em negociações com clientes (geralmente validados pelos gerentes de loja).
- Fornecimentos de materiais de trabalho.

1 Disponível em http://www.bcb.gov.br/novasnotas/assets/downloads/material-apoio/2e5/Cartilha.pdf. Acesso em 14-8-2018.

Fechamento de caixa – relatório e procedimentos

O modelo de relatório de fechamento de caixa varia de um negócio para outro, de acordo com a demanda de informações requeridas pelo setor financeiro. No entanto, costuma seguir uma estrutura minimamente comum, como veremos a seguir.

É importante entender que a função principal do relatório de fechamento é verificar a coerência financeira do caixa e dar condições para ajustes que, obviamente, não alterem o saldo total. Tais ajustes são necessários, por exemplo, quando o operador informa ao sistema o recebimento de um pagamento em cartão que, na verdade, acaba sendo feito de outra maneira – em dinheiro ou cheque.

Por exemplo, isso pode acontecer quando a loja utiliza uma máquina de cartão tipo POS não integrada ao sistema (veremos mais informações sobre isso no próximo capítulo). Digamos que o cliente informa que fará o pagamento da compra em cartão e o operador registra a venda nessa modalidade antes de concluir a operação na máquina POS. Porém, caso a operadora do cartão, por qualquer motivo, não aceite a transação, e o cliente acabe pagando em dinheiro, a venda por cartão será lançada erroneamente no relatório. Por isso, recomenda-se que a venda não seja encerrada até a conclusão do pagamento. Dessa forma, o operador terá sempre condições de informar corretamente ao sistema qual foi a forma de recebimento daquela venda.

Caso a forma de pagamento seja registrada erroneamente, é necessário comunicar ao fiscal de caixa o equívoco e seguir os procedimentos internos adotados pela organização. Geralmente, é preenchido um pequeno formulário de ocorrência explicando a inversão, que deve ser encaminhado com o relatório de fechamento de caixa (veja o modelo a seguir), para que o financeiro verifique e proceda aos ajustes necessários.

Tabela 1: Relatório de fechamento de caixa

RELATÓRIO DE MOVIMENTAÇÃO DO CAIXA	
Data da abertura	**22/4**
Horário de abertura	**10h40**
Fundo de caixa	**R$ 220,00**
Vendas totais (+)	**R$ 7.370,29**
Vendas em dinheiro	R$ 4.251,96
Vendas em cheques à vista	R$ 0,00
Vendas em cheques pré-datados	R$ 625,32
Vendas em cartões de débito operadora X	R$ 0,00
Vendas em cartões de débito operadora Y	R$ 0,00
Vendas em cartões de débito operadora Z	R$ 36,00
Vendas em cartões de crédito operadora X	R$ 41,74
Vendas em cartões de crédito operadora Y	R$ 1.829,97
Vendas em cartões de crédito operadora Z	R$ 362,30
Vendas em cartões-alimentação operadora X	R$ 0,00
Vendas em cartões-alimentação operadora Y	R$ 98,00
Vendas em cartões-refeição operadora X	R$ 0,00
Vendas em cartões-refeição operadora Y	R$ 125,00
Sangrias no período (-)	**R$ 3.500,00**
Sangria "Dinheiro ao escritório às 14h30"	R$ 2.000,00
Sangria "Dinheiro ao escritório às 17h"	R$ 1.500,00
Receitas de tesouraria (+)	**R$ 150,00**
Recebimento do crediário nº 125.351, em dinheiro, do cliente José da Silva	R$ 100,00
Recebimento de conta, em cartão de débito da operadora X, a prazo nº 126.987, da cliente Maria Aparecida	R$ 50,00
Suprimento de caixa (+)	**R$ 80,00**
Suprimento "Entrada de R$ 80,00 em moedas às 11h"	R$ 80,00
Despesas de tesouraria (-)	**R$ 250,00**
Pagamento da nota fiscal nº 151, do fornecedor Veste Bem Ltda.	R$ 190,00
Pagamento da nota fiscal nº 3.614, do fornecedor Gasolina Boa Ltda.	R$ 60,00

(cont.)

RELATÓRIO DE FECHAMENTO DE CAIXA (COMPOSIÇÃO MALOTE)	
Data do fechamento	**22/4**
Horário do fechamento	**18h32**
Saldo total em dinheiro e moedas	R$ 951,96
Cheques à vista	R$ 0,00
Cheques pré-datados	R$ 625,32
Comprovantes de cartão de débito	R$ 36,00
Comprovantes de cartão de crédito	R$ 2.234,01
Comprovantes de cartão-alimentação	R$ 98,00
Comprovantes de cartão-refeição	R$ 125,00
Comprovantes de sangria	R$ 3.500,00
Comprovantes de despesas	R$ 250,00

A Tabela 1 foi elaborada para fins didáticos, já que os sistemas que gerenciam as vendas são automatizados. Na prática, o resumo do fechamento de caixa – composto pelo relatório de movimentação diária e pelo relatório de fechamento – é impresso eletronicamente pelo software, até mesmo para impedir a manipulação dos dados, salvo em alguns casos, como os ajustes de recebimento citados anteriormente.

O relatório de movimentação diária relaciona, de maneira detalhada, todas as vendas e as formas de pagamento, além do fundo de caixa, das sangrias e dos suprimentos do período. Já o relatório de fechamento de caixa, que é utilizado pelo operador de caixa para compor o malote de fechamento e pela tesouraria ou financeiro da empresa para conferir o caixa, traz as informações de modo resumido e adaptado para o momento de encerramento da estação.

Ao longo do expediente, o operador de caixa insere no software de automação comercial as informações que resultarão no relatório de fechamento de caixa. No fim do dia, ele confere seu caixa e a coerência entre o relatório e o que se encontra de fato na sua gaveta monetária.

Atividade 2: Relatório de fechamento do caixa

Agora é sua vez de praticar, construindo o resumo do fechamento de caixa. Como vimos, esse relatório é automatizado, mas você precisa compreender seu funcionamento para entender o movimento que o dinheiro fez em sua gaveta e por que o software pede aquelas informações. Sendo assim, a partir da história a seguir, sobre um dia de vendas de uma hipotética loja de roupas, identifique os movimentos financeiros do caixa e construa o relatório de fechamento.

Em 21 de setembro, ao chegar à loja onde trabalha, às 8h, o operador João organizou sua estação de trabalho, ligou o computador, verificou o funcionamento do leitor de código de barras e solicitou à gerente o dinheiro que utilizaria como fundo de caixa.

Conferiu o dinheiro, que estava em um pequeno malote e totalizava o montante de R$ 98,00, entre notas e moedas, que facilitaria os trocos ao longo do expediente. Lançou o dinheiro como fundo de caixa e abriu a estação para o trabalho. Nesse dia, o operador realizou 42 vendas, no total de R$ 4.620,00. Desse faturamento, metade foi pago em dinheiro à vista.

Por volta das 14h, verificou que acumulava bastante dinheiro em sua gaveta monetária, mais do que o necessário para efetuar os trocos. Para garantir a segurança, preparou um malote com R$ 1.250,00 em sangria de caixa, composta de notas de R$ 50,00 e R$ 100,00, que não são muito úteis para troco. Em seguida, durante uma brecha no atendimento, levou o malote até o cofre boca de lobo, destinado especialmente para os operadores depositarem suas sangrias e fechamentos de caixa.

(cont.)

Às 15h, João percebeu que o troco estava acabando e, para não ficar com o caixa parado nos próximos atendimentos, solicitou troco à gerente da loja. Recebeu R$ 100,00 em notas de R$ 2,00, R$ 5,00 e R$ 10,00 e pagou pelo troco com duas notas de R$ 50,00.

João trabalha em uma empresa que possui máquina de cartão não integrada ao software de vendas. Por isso, é sua obrigação guardar todos os comprovantes (a via do estabelecimento) das transações realizadas no equipamento até o fim do expediente, quando os envia ao financeiro da loja no malote de fechamento.

Em duas vendas, João recebeu cheques: um deles à vista, que a empresa poderá depositar imediatamente, no valor de R$ 127,00; e outro pré-datado, no valor de R$ 210,00, que a empresa receberá 30 dias após a venda.

As demais vendas foram recebidas em cartões de crédito e débito. Foram registrados R$ 973,00 em vendas no cartão de crédito da bandeira X, R$ 180,00 do cartão de crédito da bandeira Z e R$ 820,00 do cartão de débito da bandeira Y.

Antes do fechamento da loja, a gerente solicitou que João pagasse uma nota fiscal (NF nº 1.524), no valor de R$ 260,00, a um prestador de serviços da loja.

Agora, a partir dessas informações, componha o relatório de fechamento de caixa que o sistema de automação comercial deverá imprimir para a conferência de caixa, apresentando, inclusive, o saldo em espécie.

(cont.)

Atividade 2: Relatório de fechamento do caixa

RELATÓRIO DE MOVIMENTAÇÃO DO CAIXA	
Data da abertura	
Horário de abertura	
Fundo de caixa	
Vendas totais (Faturamento)	
Vendas em dinheiro	
Vendas em cheques à vista	
Vendas em cheques pré-datados	
Vendas em cartões de débito da operadora X	
Vendas em cartões de débito da operadora Y	
Vendas em cartões de débito da operadora Z	
Vendas em cartões de crédito da operadora X	
Vendas em cartões de crédito da operadora Y	
Vendas em cartões de crédito da operadora Z	
Vendas em cartões-alimentação da operadora X	
Vendas em cartões-alimentação da operadora Y	
Vendas em cartões-refeição da operadora X	
Vendas em cartões-refeição da operadora Y	
Sangrias no período	
Receitas de tesouraria	
Suprimento de caixa	
Despesas de tesouraria	

RELATÓRIO DE FECHAMENTO DE CAIXA (COMPOSIÇÃO MALOTE)	
Data do fechamento	
Horário do fechamento	
Saldo total em dinheiro e moedas	
Cheques à vista	
Cheques pré-datados	
Comprovantes de cartão de débito	
Comprovantes de cartão de crédito	
Comprovantes de cartão-alimentação	
Comprovantes de cartão-refeição	
Comprovantes de sangria	
Comprovantes de despesas	

Confira as respostas para esta atividade na p. 110.

Existem empresas que adotam o chamado fechamento cego, em que o operador preenche o relatório de fechamento e conta os valores em sua gaveta, informando em papel todo o volume de dinheiro, cheques, cartões e demais formas de recebimento ali armazenados. Esses documentos e valores são então organizados em um malote e encaminhados ao financeiro, onde estão os relatórios automáticos do sistema, obedecendo às regras internas do estabelecimento.

A justificativa para a utilização desse tipo de fechamento é que ele tende a dificultar as fraudes ao longo do processo, pois é praticamente impossível saber como está o fechamento do caixa, ou até mesmo identificar sobras ou faltas no checkout, antes de se conferir o relatório automático do sistema. Caso haja diferenças de caixa (sobras ou faltas), o financeiro solicita a presença do operador de caixa, apresenta o relatório do sistema e então, juntos, fazem uma nova conferência, buscando identificar a razão das divergências.

Sobrou dinheiro... Faltou dinheiro... E agora?

Por ser a principal porta de entrada do dinheiro nas empresas de venda ao consumidor, o trabalho do operador de caixa é conferido, em geral, ao fim de cada expediente. Por isso, responsabilidade, atenção, ética e conhecimento sobre o processo do seu trabalho são primordiais para o bom desempenho da função. Nenhuma divergência de valor (também chamada de quebra de caixa) é bem-vinda no fechamento de caixa. Nem mesmo a sobra de dinheiro, que pode indicar, por exemplo, que o operador devolveu troco menor a um ou mais clientes. Já a falta pode representar a situação inversa, ou seja, a devolução de troco maior para um cliente, ou mesmo improbidade. Quando o assunto é dinheiro, não há meio-termo. É uma questão matemática e, se houver diferença, a empresa vai esperar uma explicação.

(cont.)

No entanto, em função da alta movimentação em algumas empresas de autosserviço, como supermercados, costuma-se adotar um percentual admissível de diferença, justificado por pequenas divergências que podem ocorrer em consequência dos arredondamentos de valores recebidos. Por exemplo, imagine que a conta do cliente ficou em R$ 1,97 e foi paga com uma nota de R$ 2,00. Nesses casos, geralmente, o operador de caixa efetua o troco com uma moeda de R$ 0,05 e, na prática, fica com R$ 0,02 de quebra de caixa.

As normas para movimentação de valores depois do fechamento do caixa, ou mesmo de sangrias ao longo do expediente, depende de cada empresa e de sua estrutura. De qualquer maneira, a premissa é que seja efetuada de forma discreta, organizada e calma, garantindo a segurança da empresa, de seus funcionários e de seus clientes.

Existem diversas tecnologias no mercado que auxiliam a movimentação de valores. Comumente, o operador entrega seu malote ao gerente da loja ou ao fiscal de caixa, que imediatamente dá continuidade ao restante do trajeto do dinheiro, seja levando a quantia à sala do financeiro, seja depositando-a em um **cofre boca de lobo**.

Os cofres chamados popularmente de **boca de lobo** são unidades de segurança instaladas nas lojas. Eles possuem uma abertura, como uma "boca", para a inserção do malote com o dinheiro e os documentos do fechamento de caixa. Assim, não há a necessidade de se abrir a porta do cofre, que só pode ser aberta pelo responsável que tem permissão para acessá-la. Isso também impede a retirada não autorizada de qualquer valor ou documento de seu interior.

Grandes varejistas usam tecnologias ainda mais avançadas para otimizar a segurança, como o sistema de transporte de dinheiro através de tubos pressurizados, que ligam o interior do banco ao interior do carro-forte.

As tecnologias utilizadas para a segurança devem ser adequadas à estrutura de cada estabelecimento, considerando a necessidade e a disponibilidade de recursos para investimento.

As novas ferramentas servem de auxílio para o desempenho da função do operador, que deve estar ciente de sua responsabilidade pela execução desses procedimentos, desde a abertura do caixa até a entrega do malote ao cofre.

Erro de registros na venda

No fim do dia, ao fechar o caixa, o operador pode notar alguma divergência entre o valor expresso no relatório e o que de fato existe em sua gaveta, ou entre o valor total de pagamentos em cartão de crédito e débito e os comprovantes armazenados. Nesses casos, é preciso verificar se é de fato uma quebra de caixa, como descrita anteriormente, ou um erro de lançamento no registro da venda, ou seja, quando o operador informa ao sistema uma forma de pagamento errada.

Por exemplo, se o cliente efetuou o pagamento de R$ 21,50 em cartão de crédito, mas o operador lançou o recebimento como dinheiro, o relatório de fechamento do sistema registrará R$ 21,50 a menos do que a quantidade de comprovantes de cartão armazenada, e R$ 21,50 a mais do que a quantidade de dinheiro que há na gaveta.

Nesses casos, o mais importante é comunicar a divergência aos responsáveis, no próprio fechamento de caixa, de acordo com os padrões estabelecidos pela empresa, explicando onde está o problema. E, se realmente houver uma quebra de caixa (sobra ou falta de dinheiro na gaveta), recomenda-se seguir os procedimentos internos que deverão ser informados ao operador durante seu treinamento.

Para evitar que situações como essa aconteçam, o operador deve agir sempre com muita cautela e atenção, focado em sua estação de trabalho e em sua interação com o cliente. Além disso, como já comentado, é sempre melhor esperar o pagamento ser efetuado antes de finalizar a venda no caixa. Lembre-se de que o operador de caixa possui responsabilidade sobre os recursos financeiros do negócio, pois é a principal porta de entrada de dinheiro, podendo ser responsabilizado por prejuízos se agir com imprudência, imperícia ou negligência.

Ou seja, pode recair sobre o operador a responsabilidade pelo recebimento de uma nota falsa sem a devida verificação, ou pela aceitação de um cheque sem o cumprimento das regras do negócio ou sem a verificação do seu preenchimento.

As empresas têm diferentes políticas para resolver esses problemas, e cada caso precisa ser analisado com muito cuidado. O entendimento da justiça é pautado em duas premissas: que o empregador não transfira o risco da atuação do seu negócio ao operador de caixa; e que o operador não aja com intenção de causar prejuízos à empresa, ou que atue sem domínio sobre sua função, trazendo ônus à organização.

Por se tratar de um tema regulamentado de forma distinta em cada estado e que obedece às orientações das convenções coletivas de cada região, não vamos tratar da legislação relativa à quebra de caixa nesta publicação. Porém vale ressaltar que alguns sindicatos do comércio, dos empregados e patronais tratam desse assunto em suas convenções coletivas, onde apontam o percentual aceitável para a quebra de caixa, bem como em quais situações é permitido descontar valores referentes à diferença e aos erros do operador.

Por isso, muitas empresas incluem na remuneração dos operadores um valor chamado *quebra de caixa*, que serve para cobrir os riscos que os profissionais assumem nessa função. Não há legislação trabalhista que obrigue o pagamento desse valor pelas empresas. Entretanto, geralmente os acordos coletivos entre sindicatos apontam o pagamento desse valor como condição ao desconto das diferenças de caixa do operador.

Portanto, cabe ao operador de caixa e ao empregador acatarem a resolução do acordo coletivo dos sindicatos trabalhistas da região onde atuam, de maneira a diminuir eventuais desacordos na interpretação de seus direitos. Além de realizar o trabalho com responsabilidade e atenção, com o objetivo de minimizar problemas e prejuízos (para si próprio e para o negócio), o operador de caixa deve ter noções básicas de legislação trabalhista, conhecer o contrato de trabalho e o regulamento interno da empresa onde atua, além dos acordos e das convenções coletivas de trabalho aos quais está submetido.

Troca de mercadorias

Existem diversas formas de fazer trocas de mercadorias e produtos. Vale ressaltar que a troca e a desistência da compra são previstas no CDC e, portanto, um direito do cliente. Por isso, tanto o operador de caixa como seus superiores devem ter ciência das regras que regem as trocas e as desistências.

O CDC não prevê a desistência sem motivo justificável, como defeito, quando a venda é feita ao cliente em loja física, pois o consumidor teve a oportunidade de ver o produto antes de comprá-lo e assumiu o risco da compra.

No entanto, em casos de compra à distância, ou seja, fora do ponto de venda (por telefone ou via internet), o consumidor tem o direito de arrependimento, que consiste em desistir do produto ou serviço no prazo de 7 dias úteis depois da compra, ou mesmo no ato do recebimento, independentemente do motivo (Brasil, 1990, art. 49).

O método para a troca de mercadorias fica a cargo do software de automação comercial e dos procedimentos internos de cada negócio. Em alguns casos, o cliente devolve para o operador de caixa os produtos que deseja trocar e recebe um crédito para consumir novamente, exclusivamente no estabelecimento. Em outros, o cliente devolve o produto durante o pagamento de uma nova compra, que deverá ter valor igual ou superior ao do item que estiver sendo devolvido. O operador, então, concede um desconto, pois o caixa não pode comprar os itens do cliente, pagando-o em dinheiro.

Por exemplo, se o cliente comprou uma blusa no valor de R$ 25,90 e voltou para trocá-la por uma de tamanho maior, ele deve escolher o novo produto e ir até o caixa para efetuar a troca. Quando o operador registrar o novo item, fechará a compra e informará ao software, em tela específica, que o pagamento será feito em forma de devolução. Se a compra tiver o mesmo valor da anterior, tudo resolvido. Mas, se a nova blusa custar R$ 32,50, por exemplo, o sistema pedirá um complemento de pagamento no valor de R$ 6,60.

CAPÍTULO 3

Ferramentas de trabalho

Estrutura do caixa e equipamentos de trabalho

Os checkouts são equipamentos-símbolos do varejo, que passaram por diversos processos de adaptação até chegarem ao ponto em que estão hoje. Eles constituem o posto de trabalho onde o operador de caixa fecha a compra dos clientes, recebe informações de outros setores, dispara informações para a gestão e até mesmo embala os produtos.

Nesse posto de trabalho, encontramos diversos equipamentos e tecnologias que têm por objetivo dar melhores condições de trabalho ao operador de caixa, servindo para registrar a saída dos produtos comercializados pelo estabelecimento e controlando a operação de vendas da empresa.

Existem caixas em formato de balcão de atendimento, como os geralmente utilizados em lojas de roupas, acessórios e calçados – itens com pouco peso e volume pequeno ou médio. Normalmente são equipados com leitores manuais, que facilitam a operação sem a necessidade de grandes movimentações dos produtos.

Há também os caixas de supermercado, e alguns contam até com esteiras eletrônicas para facilitar o trabalho do operador, evitando grandes movimentações, além de nichos para balanças, leitores ópticos, suportes para diversos equipamentos, botões, gavetas, expositores e outros acessórios encomendados para suprir as necessidades de cada empresa e para dar suporte ao trabalho dos operadores.

No checkout, o principal agente de integração entre as máquinas e os equipamentos é o software de automação comercial. O software não é algo físico, não tem fios, chips, plástico, metais, nem pode ser tocado. É um sistema virtual – um conjunto de regras – instalado no computador e utilizado pela empresa para tornar funcionais os equipamentos instalados em seus caixas. Os computadores variam desde os modelos tradicionais – como os que vemos em residências, escolas, bibliotecas, etc. – até os mais complexos, voltados a negócios de grande porte.

Os softwares interagem com o operador, solicitando, por exemplo, a forma de pagamento escolhida pelo cliente (que pode ser cartões de crédito e de débito, dinheiro, cheque e, em alguns casos, o crediário próprio da loja, e até mais de uma forma de pagamento). É importante destacar que os softwares servem para auxiliar o operador a cumprir com sua função, e não para torná-la exaustiva, complexa ou demorada.

Os softwares de automação comercial transformam dados em informações gráficas – ou seja, exibem na tela do computador os itens já cobrados, o valor total da compra, o troco a ser dado, entre outras informações. É primordial entender que todos esses detalhes da venda não são mera formalidade. Tudo que é registrado nesse programa é enviado a uma base de dados, um banco de informações que armazena todos os registros produzidos pelas empresas, podendo ser usado para gerar relatórios que auxiliam diversas áreas de gestão e contribuem para o desenvolvimento da inteligência de mercado da empresa.

Tipos de software de automação comercial

Existem diversos tipos e marcas de software de automação comercial no mercado, que são alugados ou vendidos pelos desenvolvedores aos varejistas. As empresas adquirem o software completo ou por módulos, dependendo das necessidades do negócio.

Softwares personalizáveis: os varejistas compram, ou alugam, um software de automação comercial comum ao ramo que o desenvolvedor atende. A partir daí, iniciam, desenvolvedor e varejista, o

(cont.)

processo de personalização de acordo com as particularidades de operação do estabelecimento, determinando regras para inserção de informações e emissão de relatórios para todos os setores e para os caixas.

Softwares próprios: são desenvolvidos por setores internos das grandes redes. Essa escolha se justifica por diversos fatores, entre eles a garantia que o varejista tem de fazer as adaptações necessárias para atender às suas estratégias de vendas. Existem varejistas que alugam e revendem suas soluções.

Softwares prontos: são desenvolvidos para abranger diversos modelos de negócio e, por possuírem baixo grau de personalização, são mais baratos que as opções anteriores. Porém, mesmo que o software seja destinado para atender exclusivamente a um tipo de estabelecimento, como revendas de peças automotivas ou lojas de roupas, ainda é muito genérico. Os varejistas compram o software base, que possui todas as funções comerciais básicas, e depois podem adquirir módulos adicionais para atender a outras necessidades, como controle financeiro de fluxo de caixa, emissão de notas fiscais, controle tributário, controle de remuneração de colaboradores, etc.

Atualmente, não existem cursos no mercado para quem quer aprender a usar softwares de automação comercial, por causa da possibilidade de personalização de sistemas e layouts. A boa notícia é que os programas são construídos de maneira bem intuitiva, o que possibilita que o operador aprenda a usar a ferramenta rapidamente (no próprio local de trabalho), além do mais, as próprias empresas desenvolvedoras dos softwares oferecem treinamento para os usuários de seus produtos.

Com base nas informações processadas pelo operador de caixa, o software compila os registros das compras avulsas e os transforma em dados que podem virar relatórios utilizados para a melhoria de desempenho mercadológico, econômico e financeiro dos varejistas. Por exemplo, os softwares podem fazer automaticamente o controle de estoques, o ranking dos vendedores e dos clientes com maiores compras, além de mostrar os dias e horários com o maior volume de vendas e os itens mais comercializados em cada época do ano e dia da semana.

Conhecendo essas informações, as empresas conseguem realizar o planejamento de compras e vendas, determinar o mix de produtos da loja, traçar planos para maximização das vendas, calcular a viabilidade e rentabilidade dos programas de fidelidade, definir datas de compras e ambientar a loja para cada época do ano.

Tipos de relatórios

- **De faturamento e ticket médio**

  Um dos principais relatórios de uma empresa, pois apresenta o valor das vendas em determinado período. Quando se divide o valor total da venda pela quantidade de vendas efetuadas, encontra-se o valor médio de cada atendimento.

- **Faturamento por vendedor**

  Muito utilizado para cálculo da remuneração variável do vendedor, mensura o valor de vendas realizadas por um colaborador específico.

- **Venda de produtos**

  Quantidade de vendas de cada item comercializado pela empresa. Embasa a formação do mix de produtos oferecidos no estabelecimento.

(cont.)

- **Consumo por cliente**

  Apresenta os itens consumidos em um período por determinado cliente. Serve para ajudar na identificação do público-alvo, de suas necessidades e desejos e da frequência de recompra.

- **Cadastro de produtos**

  Além de trazer a descrição dos itens cadastrados na empresa, pode apresentar o preço de cada item e o valor de custo.

- **Cadastro de fornecedores**

  Apresenta o nome e outros dados relevantes dos fornecedores cadastrados pela empresa.

- **Cadastro de clientes**

  Apresenta o nome e outros dados relevantes dos clientes cadastrados pela empresa.

- **Inventário de estoque**

  Apresenta a descrição, a quantidade e o valor de custo dos itens em estoque no momento em que o relatório é gerado.

- **Registro de compras para revenda**

  Registro dos itens comercializados, com seu custo, fornecedores e frequência de compra da empresa.

- **Relatórios personalizados**

  Outros diversos relatórios podem ser produzidos de acordo com a necessidade da empresa.

ERPs: além dos sistemas de automação comercial

Os Enterprise Resource Planning (ERP, ou planejamento de recursos da empresa em português) são softwares que gerenciam todos os processos da empresa em um único sistema, integrando as áreas comercial, financeira, fiscal, departamento pessoal e quaisquer outras que necessitem de controle e mensuração. Os ERPs gerenciam esses processos continuamente em um único ambiente virtual, diferindo de outros softwares comerciais que precisam integrar diferentes sistemas individuais.

Geralmente, os ERPs possuem um custo de implantação e manutenção significativamente maior que o dos softwares de gestão comercial tradicional. A escolha por esses programas leva em consideração as necessidades de informação, ambiente comercial, nível de padronização exigido pela atividade, rentabilidade e nível de investimento do negócio.

Equipamentos dos checkouts

A carcaça do caixa

O balcão vazio, sem os equipamentos, é a carcaça do checkout, que pode variar desde uma estrutura própria feita para o exercício da função – encontrada em supermercados, varejões e lojas de conveniência – até um balcão comum de vendas com um computador sobre o tampo. A carcaça não precisa ser somente um apoio para os equipamentos, mas pode se comunicar com o cliente de maneira a deixar transparecer a personalidade da empresa e sua forma de interagir com o mercado, integrando-se à estrutura de atendimento de maneira geral. A escolha dessa estrutura faz parte do planejamento estratégico dos negócios de autosserviço e é pensada de acordo com a missão da empresa.

Leitor de código de barras

O leitor de código de barras fica conectado ao computador e serve para que o operador não precise digitar o código das embalagens, rótulos e etiquetas dos produtos, agilizando o processo e diminuindo o desgaste do colaborador. Existem os modelos fixos, que são implantados nos checkouts ou sobre o tampo dos balcões. São indicados para locais com frequência constante de vendas e circulação de mercadorias pelas esteiras, com predominância de produtos de pequeno e médio porte, como os alimentícios.

Também existem os modelos manuais, com ou sem fio, que possibilitam maior mobilidade do equipamento nas mãos do operador, sendo indicados para lugares onde o fluxo de vendas é menor ou com predominância de itens que exijam movimentação do operador para acessar o código de barras.

E se o código de barras não for identificado?

Caso o código de barras do produto não seja identificado pelo leitor, o operador deve, com muita atenção, digitar o número encontrado abaixo dele, e o sistema reconhecerá o produto. Porém, algumas lojas não autorizam que o operador de caixa realize a digitação durante o registro de vendas. Nesse caso, se o leitor não funcionar, o fiscal de caixa deve ser chamado para habilitar a digitação manual do código do item para aquela compra.

Equipamentos de interface

O monitor, o teclado e o mouse (ou os monitores com tecnologia touch screen, que dispensam o uso de teclado e mouse) são os equipamentos que fazem a interface entre o operador e o software, permitindo que o operador de caixa interaja com o sistema informando à base de dados as escolhas do cliente.

Balanças integradas ao checkout

Há supermercados que instalam checkouts com balança integrada e designam a função de pesagem para o operador de caixa, que precisa conhecer muito bem os produtos – geralmente da seção de FLV (frutas, legumes e verduras) – para identificá-los e indicar ao sistema o que está sendo pesado. Há quem veja esse modelo como uma vantagem para as lojas, pois reduz despesas operacionais e tende a impactar positivamente no ticket médio, já que incentiva a compra por impulso. Porém há quem veja essa prática como uma fonte de perdas, de inversão de estoque virtual e físico e de lentidão nas filas dos caixas.

A NR-17 e a pesagem nos checkouts

A NR-17 estabelece diretrizes para garantir que os operadores de caixa trabalhem com o máximo de conforto e segurança, para que alcancem um desempenho eficiente. Ela apresenta algumas obrigações que as empresas devem cumprir, caso desejem que os operadores de caixa realizem a pesagem (Brasil, 2007):

a. A balança deve estar localizada frontalmente e próxima ao operador.

b. A balança deve estar nivelada com a superfície do checkout.

c. Deve haver continuidade entre as superfícies do checkout e da balança, admitindo-se um vão de no máximo 2 centímetros em cada lado da balança.

d. O teclado para digitação deve ficar a uma distância máxima de 45 centímetros da borda interna do checkout.

e. O código das mercadorias a serem pesadas deve ter no máximo 8 dígitos.

Impressora térmica para emissão de extratos e comprovantes

Como vimos, os cupons fiscais eletrônicos são documentos cuja emissão é obrigatória nas vendas do varejo. Eles indicam os itens e as quantidades vendidas, além da forma de pagamento que o operador seleciona no sistema durante o atendimento ao cliente. Os cupons fiscais são atualmente impressos por impressoras simples, que não possuem tecnologias de armazenamento de informações fiscais, como acontecia com o ECF – o dispositivo que emitia o cupom fiscal antes do CFe.

Os equipamentos atuais são mais baratos, de manutenção e operação mais simples, que usam tecnologia térmica para queimar o papel da bobina que fica armazenada em compartimento interno, produzindo a representação gráfica do CFe. Nessas impressoras, também podem ser impressos diversos outros controles da empresa, como extratos de contas a prazo do cliente, comprovantes de pagamento, comprovantes de cartão de crédito e débito, além de outros relatórios.

"Pode fechar a conta..."

Algumas empresas criam uma comanda de vendas antes da emissão do cupom fiscal, por questões gerenciais que permitem monitorar melhor o negócio. Porém, essas comandas não substituem o cupom fiscal, que é de emissão obrigatória e traz – também por determinação legal – todos os itens e quantidades comercializados, seguidos dos valores. Por conta disso, a maior parte dos estabelecimentos de varejo utiliza o próprio cupom fiscal como se fosse a conta do cliente.

Leitor de cheques

Embora a utilização de cheques esteja em desaceleração, os fabricantes de equipamentos de automação produzem, há bastante tempo, os chamados leitores de cheques. Esses equipamentos leem o código localizado na parte inferior do cheque, também chamado de CMC7 (caracteres magnéticos codificados em sete barras), que contém diversas informações, como o número da folha, a agência e a conta do cliente.

Sendo assim, quando o sistema solicita ao operador as informações do cheque, em vez de digitá-las, basta apenas passar o cheque pela fenda do leitor, que envia os dados ao software.

Essa **sequência de números** é um código magnético impresso em sete barras. É chamada de CMC7, um tipo de código de barras utilizado para auxiliar o mercado e a integração com os leitores. Por ser impresso em toner magnético, dificulta a falsificação de folhas de cheque.

Existem diversos tipos de equipamentos no mercado, desde os mais comuns e acessíveis, que apenas leem e informam ao sistema a **sequência de números** contida no fim da folha de cheque, até os que, além dessa função básica, armazenam uma imagem completa do cheque no computador da loja. Isso não quer dizer que um equipamento é melhor que o outro, pois cada um é o mais adequado para um determinado tipo de estabelecimento comercial.

No caso dos leitores automáticos, assim que inserir o cheque na fenda, o equipamento o traciona pelo restante do percurso até a bandeja de cheques, na lateral oposta do equipamento.

Caso seja um leitor manual, o processo é o mesmo, mas a tração pela fenda deve ser feita em velocidade uniforme pelo próprio operador, até a lateral oposta da entrada do cheque no equipamento.

Equipamentos gerenciadores de energia elétrica

Os estabilizadores de energia elétrica e nobreaks são alguns dos principais gerenciadores de energia encontrados nos caixas. Têm o objetivo de fornecer energia elétrica de qualidade e adequada a cada equipamento integrado na estação do operador.

Graças às suas baterias internas, os nobreaks garantem o funcionamento do caixa por algum tempo, caso o fornecimento de energia seja interrompido no estabelecimento.

Interruptor de luzes de notificação, interruptor da esteira e botão de pânico

Não é regra o uso de nenhum desses recursos em um checkout. No entanto, cada organização pode utilizar um ou mais deles, dependendo do formato do negócio e de sua estrutura tecnológica.

O sistema de luzes de notificação geralmente é instalado em grandes estabelecimentos, como supermercados e lojas de departamento, na ponta dos caixas. Quando acesas, dependendo da cor da luz, indicam situações diversas, como a necessidade de um empacotador ou de um fiscal de caixa.

Se o caixa tem esteira automatizada, que leva os produtos às mãos do operador, intrinsecamente entende-se que haja a necessidade de um botão que a acione.

Se a loja possui um sistema de alarme contra roubos com botão de pânico, este pode ficar instalado no caixa, de maneira que, quando acionado, alerte, por luz ou som, uma sala específica ou a loja toda.

Gavetas monetárias e máquinas de cartões

A gaveta e a máquina de cartões integram a estrutura de recebimento do caixa e são dois equipamentos importantes e de uso constante do operador. Também existem diversos modelos para cada um deles.

No caso das gavetas monetárias – responsáveis pelo armazenamento ideal e seguro de dinheiro, cheques e comprovantes de cartões –, existem modelos que são conectados ao sistema do caixa. Quando se indica o fim da compra do cliente, a gaveta é automaticamente destravada, permitindo ao operador armazenar o dinheiro ou o cheque e fazer o troco, se necessário. Nos modelos mais simples, esse acionamento é manual, por um botão ou chave de segurança. Já as conhecidas máquinas de cartão de crédito e débito, que caíram no gosto dos consumidores graças à sua praticidade e segurança, apresentam maior variedade de equipamentos. Cabe ao operador entender a aplicação dessas tecnologias à frente do caixa, onde estão presentes, principalmente TEFs, POSs e POOs.

Tecnologias de pagamento

- **Transferência eletrônica de fundos (TEF)**

  É composta por um teclado numérico e um leitor de cartões interligado ao sistema de automação. Geralmente é utilizada em lojas com muitos caixas.

- **Point of sale (POS)**

  Em geral, utiliza uma linha telefônica para transmitir as informações e não é conectada ao software de automação. Por necessitar de conexão com uma linha telefônica, geralmente é presa ao balcão ou em um único checkout, o que impede

(cont.)

sua movimentação, fazendo com que o cliente tenha que ir até o terminal onde fica o equipamento.

- **POS outdoor (POO)**
  Parecida com a POS, tanto na aparência quanto na função, com a diferença de que não é conectada por meio de uma linha de telefone fixa, mas, sim, por um chip de telefonia móvel, ou por internet em tecnologia sem fio, podendo ser movimentada entre os caixas e até mesmo servir ao delivery das lojas.

Servidor e rede de dados

Todas as informações geradas pelo operador durante o atendimento aos clientes são, geralmente, transmitidas para um computador chamado servidor, que é responsável por gerenciar a entrada e a saída de informações da base de dados, protegê-las e centralizá-las, e ainda administrar os computadores da frente do caixa.

Essas informações viajam por cabos ou por tecnologias sem fio até os equipamentos que gerenciam o tráfego de informações, numa estrutura que chamamos comumente de rede de dados. A rede interliga os computadores aos servidores, transportando as informações de uns para os outros.

Novas tecnologias *versus* operador de caixa

Os self-checkouts estão cada vez mais comuns nos estabelecimentos do Brasil, realizando operações de pagamento de estacionamento em shopping centers, em bilheterias para a compra de ingressos em cinemas e teatros e para check-ins nos aeroportos.

Essas tecnologias permitem que o cliente realize sozinho a cobrança e o pagamento de suas compras. No varejo, porém, a maioria das empresas que adota essa tecnologia ainda mantém os operadores em seus postos, atendendo o público e aceitando outras formas de pagamento, como dinheiro e, às vezes, cheque.

Nos casos anteriormente citados, o cliente não está retirando produtos da loja, mas apenas comprando um ingresso ou pagando um bilhete de estacionamento, que só serão impressos (produzidos) e liberados no sistema após a confirmação do pagamento. Esses serviços são bem diferentes dos autocaixas das lojas de varejo. Embora utilizem a mesma tecnologia, são duas maneiras bastante distintas de aplicá-la.

O **RFID** (do inglês, Radio-Frequency Identification, ou tecnologia de identificação de radiofrequência) consiste de pequenos chips que podem ser colocados em equipamentos ou embalagens de produtos para monitorá-los. Os dados gravados neles são enviados para os sistemas de automação, permitindo saber em segundos quantos itens de determinado produto estão disponíveis na gôndola, sem a necessidade de contagem física. Imagine contar milhares de produtos em um galpão com apenas um clique!

Vale a pena lembrar que os self-checkouts não têm o objetivo de extinguir a profissão do operador de caixa, mas, sim, de colaborar com a operação, proporcionando um atendimento menos personalizado, porém mais imediato.

É preciso encará-los como complementações, não como substituições. Há espaço no mercado para todo tipo de empresa, produto, cliente e colaborador. É verdade que existem equipamentos substituindo pessoas na linha de frente do varejo, mas o Brasil ainda tem muito a evoluir, em termos de cultura e de industrialização de produtos, para conseguir aceitar e operar plenamente com esses tipos de tecnologia.

O mercado hoje é repleto de opções, variações e integrações. É preciso estar atento à chegada dos self-checkouts e aos motivos pelos quais são adotados por algumas empresas. Em geral, não se trata de uma concorrência entre operadores e equipamentos, mas, sim, de melhoras ao processo de trabalho, aumentando a eficiência e o retorno para a empresa.

Outro exemplo de tecnologia em crescimento e adaptação para o varejo é o **RFID**. Conhecida como a evolução do código de barras, é, sem dúvida, a tecnologia mais esperada e cobiçada no autosserviço atualmente.

O RFID é uma das principais apostas do varejo para a redução de perdas na produção e na movimentação entre depósitos da empresa. Tem alto custo de implementação e de aquisição de equipamentos, mas diversas empresas começaram a entrar na concorrência para promover a massificação dessa tecnologia que, em virtude dos benefícios que oferece, é capaz de elevar a rentabilidade e a lucratividade do negócio.

Com as tags – como são conhecidas as etiquetas que possuem os chips de RFID – não há necessidade de se colocar os produtos na esteira do caixa no ato do pagamento. As antenas conseguem reconhecer os itens de maneira direcionada, identificando até produtos no bolso do cliente, por exemplo. É um benefício também para o operador de caixa, que reduzirá substancialmente seu esforço físico, pois poderá realizar a leitura dos itens acomodados pelo cliente e encaminhá-los direto ao empacotador, ou realizar essa tarefa após o fechamento da conta, mas sem precisar manusear os produtos até o leitor.

Vale lembrar que as tecnologias para a operação de caixa não afetam só uma ponta da cadeia, mas muitas vezes dependem da adaptação de todo o complexo, desde a indústria até as empresas varejistas. Não basta a empresa possuir tecnologias de leitura que a indústria não aplica nas embalagens dos produtos.

CAPÍTULO 4

Habilidades e atitudes do operador de caixa

O dia a dia do atendimento

Muitos conceitos e teorias podem ser aplicados às rotinas de trabalho, mas é no dia a dia que aprendemos a lidar com os imprevistos, especialmente quando se trata de atendimento. Afinal, lidamos com pessoas, e os clientes podem ter as reações mais diversas e inusitadas. Por isso, é necessário estar preparado para responder a todas elas.

Porém, mesmo que as empresas treinem os colaboradores para agirem de acordo com a cultura e os preceitos da organização, as regras para o atendimento podem não dar conta de todas as situações, e o atendimento exige bom senso. Tendo isso em mente, a seguir apresentamos algumas situações oriundas de casos reais que podem acontecer com o operador de caixa, para que você se coloque no lugar do profissional e avalie cada vivência. Você acha que as soluções foram boas? Como você agiria? Pense em tudo que leu neste livro, considere os direitos e deveres das pessoas, os aspectos legais para não tornar vexatória a experiência das pessoas durante o atendimento e lembre-se de suas experiências pessoais, antes de propor novas soluções para as situações apresentadas.

Além disso, para cada cenário, reflita também sobre as seguintes questões:

1. O que você achou do atendimento do operador de caixa?
2. Você resolveria o problema de outra maneira?
3. Identificou alguma recomendação-padrão da empresa para a qual as personagens das histórias trabalham? Como você as avalia?

Situação 1 – Profissionalismo no atendimento

Copa do Mundo, torcedores nas ruas, buzinas, pessoas cantando, alegria no ar. Estava quase chegando a hora da vendedora Maria encerrar seu expediente na loja de roupas para ver o jogo do Brasil. Ela estava ansiosa para ir à casa do noivo torcer com a família e os amigos, quando entrou Júlia, uma cliente conhecida, acompanhada de um rapaz.

Porém, a cliente estava alterada, ria, falava alto e desarrumava as araras da loja. Maria suspirou, controlou a ansiedade, deu um sorriso e cumprimentou a cliente, que respondeu de forma ríspida e deu uma gargalhada. Maria, sem ignorá-la, deu um sorriso compreensivo e continuou o atendimento: informou a promoção do dia, registrou as compras e explicou as formas de pagamento. Júlia então desistiu de um item e pediu que Maria o cancelasse.

Item cancelado, Júlia pagou as compras, pegou suas sacolas e saiu da loja. Logo em seguida, no entanto, Maria percebeu que, por alguma falha no sistema ou dela mesma, o item foi cobrado mesmo depois do cancelamento.

Rapidamente, a operadora de caixa guardou o produto que deveria ter sido cancelado e procurou o telefone da cliente no cadastro, mas achou melhor não ligar naquela hora. Afinal, Júlia estava fora de si.

No dia seguinte, assim que chegou ao trabalho, Maria, alegre com a vitória da seleção brasileira, telefonou para a cliente e explicou o ocorrido. Júlia fez questão de ir até a loja, pediu desculpas pelo vexame do dia anterior e optou por não cancelar o produto. Elogiou o procedimento da loja e agradeceu muito a atenção de Maria.

Situação 2 – É proibido vender bebidas alcoólicas para menores

João estava fazendo seis meses de trabalho naquele dia, quando um grupo de adolescentes entrou na loja no fim do expediente. Eles encheram o carrinho de carnes, carvão, pão, maionese e bebidas alcoólicas.

João começou a registrar os produtos, até que chegou a vez das bebidas, no fim da esteira. Antes de começar a registrá-las, ele pediu aos rapazes que mostrassem a identidade para comprovar a maioridade.

Um deles logo se irritou e começou a gritar. João pediu desculpas e informou que aquele era o procedimento e que não poderia vender bebidas alcoólicas a menores. Os rapazes insistiam para que João registrasse as bebidas. O operador argumentou que entendia a frustração deles, mas a única coisa que poderia fazer seria chamar o gerente, porque ele não poderia vender aquelas bebidas sem que os clientes mostrassem os documentos. E assim procedeu.

O gerente reforçou a posição do operador de caixa explicando que estariam infringindo a lei se agissem de modo diferente. Pediu desculpas e a compreensão dos clientes. Os jovens saíram com as compras e sem as bebidas. João recebeu um elogio do gerente.

Situação 3 – Conflito no caixa

Uma antiga cliente está na fila do caixa, feliz com as peças de roupa que garimpou nas promoções da loja. Então, o marido dela chega e começa a discutir com a esposa, questionando a necessidade daquelas compras. A cliente disfarça e caminha em direção ao checkout, enquanto a operadora, um pouco envergonhada, olha para ela, cumprimenta-a e pergunta se pode começar a passar as compras. A cliente sorri sem graça, concordando, mas seu marido dispara contra a operadora de caixa.

– Você está ganhando comissão, né? Quantas peças empurra para essa consumista comprar?

– Senhor, minha função na loja é registrar as compras e receber os valores. Como é uma loja de autosserviço, os clientes escolhem o que precisam e trazem até o caixa – informa a operadora.

– Maria, você pode registrar as compras, por favor? – interrompe a cliente.

– Claro, senhora – responde Maria, que começa a passar os produtos enquanto o homem reclama de cada item.

Constrangida, Maria interrompe o registro e fica sem saber o que fazer: se finge não ouvir o homem e passa os produtos ou se espera a discussão do casal acabar. Por fim, resolve perguntar, firme e gentil:

– Senhores, desculpem interromper, mas posso passar os produtos ou não?

– Você não ouviu o que eu disse? – questiona o homem.

(cont.)

– Pode passar, Maria. Não precisa se desculpar, você só está fazendo seu trabalho – responde a esposa, que se volta para o marido e diz: – Querido, por favor, vamos terminar a discussão em casa.

– Seja rápida – observa o homem, bastante irritado.

Maria termina de passar os produtos e avisa aos demais clientes na fila que já está finalizando. Ela então recebe o pagamento, entrega os produtos à cliente e deseja boa tarde.

– Maria, seu nome, né? Bom saber – questiona o marido indignado.

– É uma ameaça, senhor? Ou devo interpretar como elogio? O senhor vai voltar à loja para realizar mais compras e virou meu cliente? – descontrola-se Maria depois de tanta provocação.

– Eu vou me queixar do seu trabalho ao gerente da loja – ameaça o homem.

– Não por isso, senhor, vamos chamá-lo agora mesmo. Acredito que o senhor está sendo muito desrespeitoso comigo. Não fiz nada para ser tratada dessa maneira – responde Maria, que então chama o gerente.

– Maria, me desculpe, por favor. Você não tem mesmo culpa – diz a esposa quando o gerente se aproxima.

– O que está acontecendo, Maria? – questiona o gerente.

– Esse senhor deseja registrar uma reclamação a respeito de minha conduta – responde Maria.

– Pois não, senhor – volta-se o gerente para o homem.

(cont.)

– Deixa pra lá. Nunca mais voltarei a essa loja mesmo – responde um pouco sem jeito.

– Senhor, Maria teve um comportamento excelente. Eu e meu marido estávamos discutindo e ela foi discreta e educada. Peço desculpas pelo transtorno – afirma a mulher.

– Além de comprar igual a uma maluca, você ainda quer me fazer passar por mentiroso – dispara o marido, e os dois voltam a discutir.

– Senhores, já finalizaram as compras? Receberam todos os produtos e comprovantes de pagamento? Tenho certeza de que Maria também lhes entregou a nota fiscal. Peço, por favor, que liberem o caixa para os próximos atendimentos e, caso tenham alguma reclamação, que entrem em contato com nosso SAC. Vou acompanhá-los até a porta – informa o gerente da loja, colocando um ponto-final no caso.

Situação 4 – Receber ou não uma nota falsa

O supermercado onde João trabalha está fazendo uma grande ação promocional. O estabelecimento está cheio de gente, há filas nos caixas e pessoas nervosas querendo aproveitar as ofertas e correndo atrás de mais e mais descontos, enquanto João passa as compras de um casal jovem e simpático.

– Pronto, R$ 247,75. Aceitamos diversas formas de pagamento: cheque, se vocês forem cadastrados na loja e mediante aprovação; cartão de débito e crédito; cartões-alimentação e dinheiro, claro. Aliás, à vista tem 5% de desconto. Como desejam pagar?

– Em dinheiro – responde o cliente, entregando três notas de R$ 100,00 para João.

João pega as cédulas e percebe que o papel de uma delas é estranho. Analisa os elementos de segurança, compara com as notas que sabe ser verdadeiras e tem a certeza de que uma delas é falsa. Com muita educação, pergunta ao cliente:

– O senhor tem outra nota para substituir esta? Notei que possui características diferentes das outras. Tudo indica que seja falsa. Infelizmente, não posso recebê-la. O senhor se lembra onde a pegou? – pergunta João.

– Falsa? Como você sabe? Tem certeza disso? Eu saquei esse dinheiro todo no caixa eletrônico – responde o cliente, um tanto exasperado.

– Neste caso, o senhor deve reclamar direto no banco. Eu não sou perito, mas a política da empresa é, e, em caso de suspeita, não se deve aceitar o dinheiro. Até porque o Banco

(cont.)

Central não troca notas falsas por verdadeiras, e não podemos repassá-las a outros clientes. Veja a diferença entre ela e essas aqui. Perceba a marca-d'água e essa faixa holográfica. Peço desculpas, mas não posso recebê-la. Se o senhor preferir, pode pagar o restante com outra forma de pagamento – explica o operador.

– Débito, por favor – o cliente entrega o cartão, um pouco irritado.

– Pronto, senhor. Aqui estão seus produtos, desculpe qualquer inconveniente, mas preciso seguir os procedimentos do supermercado. Até a próxima!

Situação 5 – Caso real I

No site do jornal on-line *Gazeta do Povo*, o jornalista João Pedro Schonarth publicou o caso de uma gerente administrativa que, por causa de uma nota falsa de R$ 100,00, passou por uma situação que classificou como "um dos piores dias da vida" (Schonarth, 2012).

A cliente foi ao supermercado e, ao pagar a compra, usou uma cédula falsa sem saber. A operadora de caixa percebeu e logo chamou os seguranças, que a conduziram, com o marido, até uma sala nos fundos do supermercado. Lá, foi xingada e acusada de estelionatária e golpista, apesar de tentar explicar que tudo se tratava de um engano. Para piorar a situação, não a deixaram sequer fazer um telefonema, e ela e o marido foram levados à delegacia em um camburão.

Fonte: Schonarth (2012).

Situação 6 – Faltou dinheiro na hora de pagar

Deise trabalha em uma loja de autosserviço que vende frutas e verduras. Numa manhã, ela estava atendendo no checkout preferencial quando chegou uma senhora, cliente antiga, com os produtos escolhidos. Deise passou as compras e informou:

– R$ 8,75, senhora.

A cliente começou a contar suas moedas e disse que precisaria retirar alguma coisa, pois só tinha R$ 8,55. Tinha esquecido que havia comprado uma revista para a neta na banca.

Deise decidiu liberar a cliente, assumindo a quebra de caixa de R$ 0,20, e pediu para que a senhora pagasse a diferença na próxima compra. A cliente saiu da loja um pouco envergonhada, mas feliz.

Situação 7 – Na dúvida, o cliente é inocente

Joana é cliente de uma loja de roupas há muito tempo, daquelas que fazem questão de ir ao lançamento de novas coleções, em liquidações e em todas as ações promocionais. Assim, é claro que ela não faltaria ao lançamento da coleção de verão. Ela escolheu vários produtos, levou-os ao caixa, fez o pagamento e foi para casa. Foi só aí que notou que um item havia sido cobrado, mas não estava em sua sacola.

No dia seguinte, foi até a loja e falou com a gerente, mostrando o cupom fiscal e relatando o ocorrido. A gerente então procurou a operadora de caixa Clara, que havia começado a trabalhar havia duas semanas.

– Clara, uma cliente fez umas compras ontem e, quando chegou em casa, percebeu que estava faltando um item na sacola. Você sabe se alguém encontrou e deixou separado? – perguntou a gerente.

– Não sei... Ninguém falou nada sobre isso. E quem garante que ela não levou mesmo a peça? – perguntou a operadora em um tom de voz irônico.

A gerente chegou perto de Clara e pediu que ela falasse mais baixo, mas Joana, a cliente, já havia escutado.

– Bom dia. Clara, né? Olha, eu compro nessa loja desde a inauguração. Compro sempre e muito e, além disso, não sou mau caráter – contestou a cliente, irritada.

– Calma, Joana, me desculpe. Tenho certeza de que a Clara não quis dizer isso. Ela se expressou mal, não é, Clara? – disse a gerente.

(cont.)

– Desculpe-me, senhora. Eu não quis dizer isso. Eu... eu... estava pensando se seu item não poderia ter ido por engano em outra sacola – respondeu a operadora.

– Eu resolvo isso, Clara... Infelizmente, não temos mais essa peça em estoque para lhe entregar agora. Vou entrar em contato com outras lojas. Mais uma vez, nos desculpe por esse transtorno. Clara é nova na loja, ainda não se adaptou aos nossos procedimentos.

– Melhor treinar essa moça! Devo aguardar aqui na loja ou vocês entram em contato comigo? – perguntou a cliente.

– Como a senhora preferir... – respondeu a gerente.

– Bom, então vou aguardar em casa – afirmou a cliente, agradecendo somente à gerente.

Depois que Joana saiu, a gerente pediu à operadora Clara que passasse depois em sua sala para conversar.

Situação 8 – Paguei mais caro pelo mesmo item

O cliente entra numa revendedora de produtos de construção, ferramentas e utensílios domésticos com um produto recém-comprado nas mãos, procurando pelo gerente, Joaquim.

– Amigo, acabei de comprar esta furadeira por R$ 99,00. Quando voltei para o meu carro, no estacionamento da loja, vi um cartaz com uma furadeira por R$ 59,00! – diz irritado o cliente.

O gerente, então, pergunta ao cliente se ele quer trocar o equipamento pelo outro em promoção. Mas avisa que os modelos são diferentes e, caso decida pela troca, poderá obter o crédito da diferença para comprar outro item na loja.

– Eu quero meu dinheiro de volta. Não vim aqui para fazer barganha. Vocês me enganaram! – alega o cliente.

– Senhor, farei o cancelamento de sua compra, mas não se trata de enganação. O operador simplesmente pensou que o senhor havia escolhido essa marca que está com o preço mais alto – diz o gerente.

– Mas ele não poderia ter me informado da promoção? Isso é um absurdo. Eu sou cliente dessa loja há tempos – responde o cliente.

– Desculpe-me, senhor. Ele será alertado para fornecer a informação a todos os próximos clientes. O que o senhor deseja fazer em relação a sua compra? – pergunta o gerente.

– Eu quero trocar pelo produto em promoção e ficar com o crédito – responde resignado o cliente.

(cont.)

– Sim, senhor – responde o gerente, enquanto entrega o produto ao operador, que observava tudo. – Por favor, faça a troca dessa furadeira pela outra que está em promoção – O gerente então despede-se do cliente.

– Aqui está senhor. Desculpe-me, pela distração – comenta o operador.

– Peça desculpas a seu chefe. Aliás, você não deveria ficar usando o celular durante o trabalho. Não falei nada para o gerente, mas você pode perder seu emprego por causa disso – avisa o cliente, despedindo-se em seguida.

Situação 9 – Só tenho cartão

João chega para mais um almoço em seu restaurante preferido e procura uma mesa confortável para se sentar. Logo é atendido por um gentil garçom que já conhece suas preferências e o cumprimenta pelo nome.

Após a refeição, pede um cafezinho com um gesto costumeiro e uma funcionária lhe entrega o pedido de acordo com sua expectativa. Até esse ponto, a experiência de compra de João está indo muito bem, como de costume, mas, quando chega ao caixa para pagar o almoço, a operadora informa que a máquina de cartão está quebrada e que ele terá que escolher outra forma de pagamento.

O cliente então reclama que o restaurante deveria ter providenciado cartazes informando o problema. Ele está sem dinheiro e sem cheque e não possui outra forma de pagamento.

A operadora chama o gerente, que prontamente reconhece João. Autoriza que ela encerre a venda a prazo. Desse modo, João deve assinar um comprovante da despesa emitido pelo estabelecimento, comprometendo-se a pagar a conta até a data combinada. João vai embora insatisfeito com a situação.

Situação 10 – Caso real 2

Em Mato Grosso do Sul, um supermercado foi condenado a pagar indenização para um casal no valor de R$ 10 mil em razão de uma falha técnica do cartão de débito.

Os clientes foram ao mercado e realizaram uma compra no total de R$ 74,41. Usaram o cartão de débito, mas foram avisados de que a operadora do cartão não estava autorizando o débito. Depois de duas tentativas, tiveram que deixar as compras no supermercado, pois não tinham outra forma de fazer o pagamento.

Ao conferirem o saldo de sua conta, no entanto, constataram que o valor da compra havia sido debitado, pois o saldo, antes de R$ 100,00, havia diminuído para R$ 28,82.

O casal, então, voltou ao supermercado e a gerência reconheceu o erro, orientando-os a escolherem os produtos e levarem-nos ao caixa novamente. Porém, no momento em que passaram no checkout, a operadora de caixa alegou que não tinha sido creditado nenhum valor em seu caixa e que eles deveriam voltar dois dias depois para verificar o que tinha ocorrido.

Diante disso, o casal entrou na Justiça reclamando do caráter vexatório da situação: além dos danos morais de deixar as compras duas vezes no checkout, ficaram sem os produtos e sem o dinheiro.

O supermercado alegou, em juízo, que o problema teria acontecido no sistema do cartão e não nos serviços prestados. Culpou o sistema do banco por debitar o valor da conta corrente do cliente, apesar de não ter autorizado o pagamen-

(cont.)

to. Explicou que, quando a compra por cartão não é autorizada, o recurso não é repassado ao comerciante, porque o sistema bancário trava a transação.

Para o relator do processo, o dano moral foi configurado, mesmo não havendo má-fé por parte do estabelecimento comercial. A responsabilidade civil do supermercado e a consequente indenização ocorreram, pois o comerciante é responsável pelos riscos decorrentes da oferta de um serviço em seu estabelecimento, como aceitar pagamentos em cartão.

Sobre o argumento do supermercado de não poder ser responsabilizado pela irregularidade, o Tribunal de Justiça lembrou que a administradora de cartões recomenda que, nesses casos, o caixa e o gerente chequem as conexões, reiniciem a máquina e entrem em contato com a credenciadora.

Fonte: Mato Grosso do Sul (2015).

Resposta das atividades

Atividade 1: Inventário de estoque

Produto	Quantidade em estoque em 30/9	R$ custo unitário	R$ custo total
Arroz	40	R$ 15,00	600,00
Feijão	25	R$ 7,00	175,00
Óleo de soja	15	R$ 5,00	75,00
Macarrão	30	R$ 3,00	90,00
Farinha	75	R$ 4,00	300,00
Valor do inventário ->			**1.240,00**

Atividade 2: Relatório de fechamento do caixa

RELATÓRIO DE MOVIMENTAÇÃO DO CAIXA	
Data de abertura	21/09
Horário da abertura	8h
Fundo de caixa	R$ 98,00
Vendas totais (Faturamento)	R$ 4.620,00
Vendas em dinheiro	R$ 2.310,00
Vendas em cheques à vista	R$ 127,00
Vendas em cheques pré-datados	R$ 210,00
Vendas em cartões de débito da operadora X	R$ 0,00
Vendas em cartões de débito da operadora Y	R$ 820,00
Vendas em cartões de débito da operadora Z	R$ 0,00
Vendas em cartões de crédito da operadora X	R$ 973,00
Vendas em cartões de crédito da operadora Y	R$ 0,00
Vendas em cartões de crédito da operadora Z	R$ 180,00
Vendas em cartões-alimentação da operadora X	R$ 0,00
Vendas em cartões-alimentação da operadora Y	R$ 0,00
Vendas em cartões-refeição da operadora X	R$ 0,00
Vendas em cartões-refeição da operadora Y	R$ 0,00
Sangrias no período	
Sangria às 14h	R$ 1.250,00
Receitas de tesouraria	
Suprimento de caixa	
Despesas de tesouraria	
Pagamento de fornecedor – Nota fiscal nº 1.524	R$ 260,00

RELATÓRIO DE FECHAMENTO DE CAIXA (COMPOSIÇÃO MALOTE)	
Data do fechamento	21/9
Horário do fechamento	18h
Saldo total em dinheiro e moedas	R$ 898,00
Cheques à vista	R$ 127,00
Cheques pré-datados	R$ 210,00
Comprovantes de cartão de débito	R$ 820,00
Comprovantes de cartão de crédito	R$ 1.153,00
Comprovantes de cartão-alimentação	R$ 0,00
Comprovantes de cartão-refeição	R$ 0,00
Comprovantes de sangria	R$ 1.250,00
Comprovantes de despesas	R$ 260,00

Referências bibliográficas

ASSOCIAÇÃO BRASILEIRA DE SUPERMERCADOS. **Avaliação de perdas nos supermercados brasileiros 2017**. [S.l.], set. 2017. Disponível em: <http://www.abras.com.br/economia-e-pesquisa/perdas/pesquisa-2017/>. Acesso em: 22 out. 2018.

BANCO CENTRAL DO BRASIL. **Segunda Família do Real**: cartilha de treinamento. Brasília, DF, [2008, capturado em 26 out. 2015]. Disponível em: <http://www.bcb.gov.br/novasnotas/assets/downloads/material-apoio/2e5/Cartilha.pdf>.

BRASIL. Lei nº 8.078, de 11 de setembro de 1990. Dispõe sobre a proteção do consumidor e dá outras providências. **Diário Oficial da União**, Brasília, DF, 12 set. 1990.

________. Ministério do Trabalho e Emprego. **Norma regulamentadora NR-17**: ergonomia. Brasília, DF, 2007 [capturado em jun. 2015]. Disponível em: <http://portal.mtc.gov.br/data/files/FF8080812BE914E6012BEFBAD7064803/nr_17.pdf>.

________. **Classificação brasileira de ocupações**. 3. ed. Brasília, DF, 2010. Disponível em: <http://www.cofen.gov.br/wp-content/uploads/2015/12/CLASSIFICA%C3%87%C3%83O-BRASILEIRA-DE-OCUPA%C3%87%C3%95ES-MEC.pdf>.

MATO GROSSO DO SUL. Tribunal de Justiça. **Supermercado indenizará por falha em pagamento no cartão de débito**. [S.l.]: Jus Brasil, 2015 [capturado em jun. 2015]. Disponível em: <http://tj-ms.jusbrasil.com.br/noticias/167633335/supermercado-indenizara-por-falha-em-pagamento-no-cartao-de-debito>.

QUEBRA de caixa: natureza jurídica. [S.l.]: RH Portal, 2013. Disponível em: <http://www.rhportal.com.br/artigos/rh.php?idc_cad=g0t3v3wuf>.

SCHONARTH, João Pedro. Quando o cliente vira suspeito. **Gazeta do Povo**, 20 maio 2015 [capturado em jul. 2015]. Texto publicado na edição impressa de 21 de maio de 2012. Disponível em: <http://www.gazetadopovo.com.br/economia/quando-o-cliente-vira-suspeito-2enhcw5h6pc3bs9lpm30f6s7i>.

SEMENSATO, Cassiana Brosque. **Análise ergonômica e intervenções nos postos de trabalho de operadores de caixa de supermercado**: (check-out). Trabalho de conclusão de curso (Pós-Graduação em Design) - Universidade Estadual Paulista, Bauru, 2011.

SENAC. DN. **O trabalho no supermercado**: setores, funções e carreira profissional. 2. ed. Rio de Janeiro, 2014.

VAROTTO, Luís Fernando. Ponto de vista: história do varejo. **GV Executivo**, São Paulo, v. 5, n. 1, p. 86-90, fev./abr. 2006 [capturado em jul. 2015]. Disponível em: <http://bibliotecadigital.fgv.br/ojs/index.php/gvexecutivo/article/viewFile/34379/33176>.

Sites consultados

http://www.abras.com.br

http://www.agos.com.br

http://www.apas.com.br

http://www.asmat.com.br

https://www.ibevar.org.br/

http://www.jusbrasil.com.br/jurisprudencia/busca?q=CLIENTE+ABORDADO+POR+SUSPEITA+DE+FURTO+EM+LOJA

http://www.pfe.fazenda.sp.gov.br/guia_procedimentos_ecf_02.shtm. Acesso em: 7 dez. 2014.

http://sbvc.com.br/

Índice geral